KB005175

인문학 독자를 위한 **법화경**

인문학 독자를 위한 **법화경**

하영수 지음

불광출판사

꽤 오래전 일입니다. 지인 중 한 명이 불교에는 경전이 참 많은데 그중에서 무엇을 읽으면 좋겠냐고 경전 하나만 추천해 달라고 조언을 구해 온 적이 있었습니다. 불교에 관심은 있었지만, 불교를 체계적으로 공부한 적이 없었던 분이었지요.

　그런 상황에서 지인에게 초기불교의 경전인 아함경을 추천해 드리는 것도 괜찮은 선택이었겠지만, 아함경은 분량이 상당히 많고, 또한 지인의 요청은 경전 하나만 소개해 달라는 것이었기에 선뜻 추천하기가 어려웠습니다. 잠시 생각해 본 후, 결국 저는 관심을 갖고 연구 중이던 『법화경』을 추천했습니다. 그러자 그분도 『법화경』에 대해서는 들어본 적이 있었는데, 추천을 해 주니 이번 기회에 읽어 보겠노라고 흔쾌히 말했습니다.

　시간이 지난 후 그 지인에게 『법화경』을 읽고 어땠느냐 물었더니, 이 경전은 '스스로가 위대하고 훌륭하다는 이야기만 반복하는 것 같고, 그 내용이 뭔지는 모르겠다'

라는 아주 솔직한(?) 감상평이 돌아왔습니다.

그 이야기를 듣고서 조금은 당혹스럽고 미안하면서도 여러 가지 생각이 들었습니다. 먼저는 저 역시 예전에 똑같은 경험을 한 적 있었다는 사실이 불현듯 떠올랐습니다. 『법화경』을 처음 읽었을 때, 마지막 페이지를 덮으면서 '무슨 이야기를 하는 거지?'라며 의아해했던 기억이 났던 것입니다. 사실 부처님 말씀을 이해한다는 것이 당연히 쉬운 일은 아니지만, 특히 『법화경』은 어떤 의미에서 불교 전체를 조망하고 융합하는 경전이기에 그 사상을 이해하기란 여간한 일이 아니라는 사실도 다시금 실감했습니다. 언젠가는 그 지인, 그리고 그와 비슷한 상황에 있는 분들이 이해할 수 있도록 어려운 용어를 쓰지 않고 『법화경』을 알기 쉽게 설명하는 책을 써 보고 싶다는 바람을 가지게 된 것도 그 무렵이었습니다.

그리고 몇 년이 지난 어느 날, 불광출판사로부터 '인문학 독자를 위한 불교 경전' 시리즈에 관하여 연락을 받았습니다. 이 시리즈의 발간 취지는 일반 독자에게 되도록 전문적인 학술어를 사용하지 않으면서 경전의 핵심 내용을 소개한다는 것이었습니다. 그 순간 저는 지인과의 일이 떠올라 그 취지에 크게 공감하면서 기쁜 마음으로 집필을 수락했습니다.

이 책은 총 네 개의 장으로 구성되어 있습니다. 1장에서는 『법화경』에 대하여 전체적인 조망을 제시하였습니다. 『법화경』이 어떤 경전이며, 불교의 역사 속에서 어떤 의의를 지니는가, 그리고 우리와는 어떤 관계가 있는가가 주된 내용을 이룹니다. 2장은 경전의 내용 소개에 앞선 예비 단계에 해당하는데, 경전의 제목과 구성, 내용, 출현 배경과 문제의식 등을 다루었습니다. 3장은 핵심적인 주제를 중심으로 경전의 사상을 소개하였습니다. 4장은 『법화경』과 삶에 대해 일종의 에세이 같은 느낌으로 기술하였습니다.

사실 『법화경』은 읽기는 쉽지만, 그 깊은 뜻을 이해하기는 쉽지 않습니다. 저에게 『법화경』은 알면 알수록 심오함과 포용력에 새삼 감탄하게 되는 그런 경전입니다. 아직도 배워야 할 것이 많기에 앞으로도 『법화경』을 중심으로 불교 연구를 해 나갈 생각입니다. 다만 앞서 언급한 지인에게 지금의 저라면 이렇게 말할 것 같습니다.

"『법화경』은 한 마디로 붓다에 관한 이야기이자, 동시에 당신의 이야기이며, 그 말은 당신이 그토록 소중한 존재라는 뜻입니다."

이것이 이 책의 숨겨진 부제이며, 제가 여러분께 전하고 싶은 이야기이기도 합니다.

무릇 전공자라면 자신의 공부를 알기 쉽게 설명할 수 있어야 한다는 사실을 일깨워 준 저의 지인, 그 선지식에게 먼저 감사를 전하고 싶습니다. 또한 이 책을 독자 여러분들에게 소개할 기회를 주신 불광출판사 측에도 깊이 감사드립니다. 그리고 바쁜 일정에도 세심한 조언을 아끼지 않은 저의 오랜 동료, 나지용 선생님께도 고마움을 전합니다. 무엇보다 이 책을 쓸 수 있도록 지금껏 저를 이끌어 주신 은사님께 머리 숙여 예를 표하며, 저의 구루(Guru)이신 그분께 이 책을 바치고자 합니다.

2023년 4월 계룡에서
저자 씀

1

『법화경』을
우리는
왜 알아야 할까

불교 경전은 왜 이렇게 많을까

불교에는 붓다의 가르침으로 전해지는 문헌이 대단히 많습니다. 불교의 삼장(三藏)이 그것입니다. 삼장은 붓다의 가르침을 모은 경장(經藏)과 교단의 규율을 기록한 율장(律藏), 그리고 붓다의 가르침을 해석한 논장(論藏)을 말합니다. 불교에서는 삼장 모두를 중요하게 여기고 있습니다. 이 중에서 경장은 다른 종교에서 말하는 경전에 해당합니다. 하지만 불교의 경장은 다른 종교의 경전과 다르게 그 분량이 수천 개에 이를 정도로 방대합니다.

　해인사에는 팔만대장경이 있습니다. 대장경이란 이 삼장을 포괄해서 부르는 말입니다. 팔만대장경은 우리나라의 국보이고, 세계적으로도 문화적 가치가 우수한 인류의 유산입니다. 그런 팔만대장경을 실물로 직접 본다면 대단히 감회가 깊겠지요. 하지만 팔만대장경을 읽어야 한다면 이야기가 180도 달라집니다. "왜 이렇게 많지?", "뭐부터 읽어야 하지?", "살아생전에 다 읽을 수는 있을까?",

"아, 어쩔 수 없다. 이번 생은 포기다…."

불교에는 왜 이렇게 경전이 많은 걸까요? 그리고 그 많은 경전은 도대체 무슨 말을 하는 걸까요? 이 의문에 대해 두 가지 생각을 해 볼 수 있습니다. 만약에 경전이 다 똑같은 내용이라면 경전이 그렇게 많을 필요가 없을 테고, 만일 경전이 서로 다 다르다면 과연 불교는 무슨 이야기를 하고 싶은 것인지 묻지 않을 수 없습니다. 이런 의문은 불교에 관심을 가진 분이라면 한 번쯤은 진지하게 고민해 볼 문제라고 생각합니다.

그렇다면 그 많고도 많은 경전 중에서 이 문제에 대해 언급하는 경전이 하나도 없을까요? 그렇지는 않습니다. 여러분의 이런 궁금증에 도움이 되는 경전이 있습니다. 이 책의 주제인 『법화경』이 바로 그것입니다.

방편과 진실의 이중주

붓다라는 의사

붓다는 사람들이 안고 있는 번뇌라는 병을 치료하는 의사로 비유되곤 합니다. 세상에 병의 종류가 얼마나 되는지 알 수 없지만, 시대가 변하고 의학이 발전할수록 그 종류는 더욱 많아지고 치료법도 다양해질 것입니다.

불교에는 '백팔(108)번뇌'라는 말이 있습니다. 이는 우리를 힘들고 괴롭게 하는 번뇌의 종류가 많다는 것을 뜻합니다. 또한 중생의 괴로움을 나타내는 데에는 '번뇌' 뿐 아니라, 그 밖에 여러 가지 용어가 사용되기도 합니다.

이처럼 불교에서 헤아리는 번뇌에는 종류도 많고, 이를 표현하는 용어도 다양합니다. 이것은 우리의 성향과 능력, 처해 있는 상황과 환경 등이 모두 저마다 다르며, 따라서 붓다의 설법도 다양할 수 밖에 없었음을 보여줍니다.

이러한 붓다의 설법을 흔히 '팔만사천의 법문'이라

고 합니다. '팔만사천'이란 일종의 비유적인 표현으로 무수히 많은 가르침을 베풀었음을 말합니다. 이러한 팔만사천의 법문은 중생의 다양성을 고려하여 내린 붓다의 맞춤 처방과도 같다고 할 수 있습니다.

병과 그에 대한 처방의 비유에는 중요한 시사점이 있습니다. 처방은 병의 종류와 증세에 따라 다양하지만, 치료의 목적은 하나라는 사실입니다. 바로 건강의 회복이지요. 붓다의 가르침도 그와 같습니다. 불교 전통에는 무수히 많은 가르침이 전해지지만, 그 가르침들은 모두 번뇌를 제거하고 지혜를 계발하여 궁극의 자유와 행복에 이르는 것을 지향점으로 삼고 있습니다.

이 치병(治病)의 비유를 『법화경』의 용어로 설명하면, 붓다가 중생의 상황에 맞추어 설한 가르침을 '방편'이라고 하고, 방편을 사용한 궁극적인 목적을 '진실'이라고 합니다. 우리는 방편은 다양하지만, 진실은 하나일 것이라고 예상할 수 있습니다. 이는 훌륭한 스승이라면, 제자들의 능력에 맞추어 여러 가지 방법으로 가르치지만 가르침의 목적은 다르지 않은 것과 같습니다.

『법화경』의 전반부에는 방편을 주제로 하는 「제2방

편품」이라는 장이 따로 있지만, 사실 방편과 진실은 『법화경』 전체를 관통하는 주제이기도 합니다. 그러므로 『법화경』은 방편과 진실이 조화를 이루며 빚어내는 이중주라 할 수 있습니다.

모든 경전의 왕

『법화경』은 방편과 진실이라는 두 개의 키워드로 불교의 모든 가르침을 회통합니다. 방편과 진실을 잘 이해하면 팔만사천의 법문이 하나로 귀결된다는 것을 알게 됩니다. 팔만대장경도 결국 무수히 많은 방편과 하나의 진실로 이루어진 것이라 할 수 있습니다.

이때 방편들은 다 부질없는 것이 아니라, 진실을 드러내기 위한 것으로서 모두 의미를 갖게 됩니다. 의사의 처방에 다 이유가 있듯이 붓다가 전한 방편의 가르침도 다 소중하다는 것입니다. 이처럼 『법화경』은 붓다의 모든 가르침에 의미를 부여하면서, 그것을 하나의 진실로 승화시킵니다. 『법화경』에 따르면 붓다의 가르침 중에 불필요한 것은 없으며, 모든 것은 진실로 이어집니다. 이는 매우 포용적인 태도이며, 바로 이와 같은 방식으로 『법화경』은 불교를 회통합니다.

　　나아가 불교 사상사의 관점에서 보면, 이러한 방편과 진실의 틀은 불교의 다양한 사상을 서로 연결해 주는 매개체가 되어 역사적으로 분열되었던 불교에 새로운 생명을 불어넣었습니다. 요즘 사용하는 인터넷이나 SNS처럼 다양한 불교를 연결한 것이지요. 이처럼 『법화경』은 불교 내부의 대립과 갈등을 해소하고 조화시켜 불교도가 모두 붓다의 한 가족임을 다시금 일깨워 주었습니다. 이러한 포용과 조화의 정신으로 인해 『법화경』은 예로부터 '모든 경전의 왕'이라고도 불려 왔습니다.

성불하세요

우리나라 불자들은 법회 마지막에 꼭 '성불(成佛)하세요'라고 인사를 건네며 의례를 마무리합니다. 요즘은 SNS상에서도 이 말을 사용하곤 합니다. 그런데 생각해 보면 이것은 참 대단한 말입니다. 보통 특정 인물에 의해 개창된 종교에서 개조는 존중과 숭배의 대상이 될 뿐, 신도가 개조와 동등한 경지에 오른다는 것은 일반적으로 허용되지 않으니까요.

그런데 '성불하세요'라는 말은 우리 모두가 약 2,500여 년 전에 이 땅에서 살았던 불교의 개조 석가모니 붓다와 같은 경지에 오르라는 뜻이 되는데, 이것을 인사말처럼 사용한다니 참으로 놀라운 일이 아닐 수 없습니다.

혹시 이 말과 같은 표현이 『법화경』에 나온다는 것을 알고 계신가요?

『법화경』에는 '상불경(常不輕)'이라는 보살이 등장합니다. 그 보살은 누구를 만나든 "여러분들도 보살행을 실

천하시기 바랍니다. 그럼 성불할 수 있습니다"라고 이야
기했다고 합니다. 그의 행동은 『법화경』의 사상을 실천한
것인데요, 이것은 불자들이 법회 때 '성불하세요'라고 서
로를 축원하는 것과 사실상 같습니다.

그렇습니다. 『법화경』은 모든 중생이 누구나 성불할
수 있다고 말하고 있습니다. '일체중생의 성불'입니다. 바
로 이것이 앞에서 말씀드린 방편과 진실 중에서 『법화경』
이 말하는 진실입니다.

이와 함께 법회에서 합송하는 「사홍서원(四弘誓願)」
도 『법화경』에서 유래한 것입니다. 서원이란 이타적인 삶
을 살아가겠다는 굳은 다짐을 말합니다. 서원과 성불, 이
두 가지는 대승불교의 근본입니다. 어쩌면 대승불교의 전
부라고 해도 과언이 아닐 것입니다.

또한 불교 의식 중에서 규모가 가장 큰 영산재(靈山
齋)도 영취산에서 『법화경』의 법문을 듣고 환희에 찬 분위
기를 재현한 것입니다.

이처럼 『법화경』은 대승불교의 정수를 전하면서, 우
리의 의례와 문화 속에 살아 숨 쉬고 있습니다.

붓다의, 붓다에 의한, 붓다를 위한 가르침

그렇다면 『법화경』은 구체적으로 어떤 가르침을 전하고 있을까요?

예로부터 『법화경』의 핵심 내용을 표현한 말로 '제법실상(諸法實相)', '진공묘유(眞空妙有)', '만선동귀(萬善同歸)' 등이 사용되었습니다. 이러한 용어들은 『법화경』의 심오한 내용을 간결한 개념으로 드러내는 훌륭한 표현입니다. 그러나 그 의미를 제대로 이해하는 것은 쉬운 일이 아닙니다. 이 용어들에 담긴 사상적 맥락을 파악해야만 그 뜻을 알 수 있기 때문입니다. 그러므로 이 책에서는 우리에게 친숙한 표현을 통해 이야기해 보려 합니다.

국민의, 국민에 의한, 국민을 위한

남북 전쟁이 한창이던 1863년, 링컨은 게티즈버그에서 전쟁의 희생자를 추모하며 민주주의 역사에 길이 남을 연설을 했다고 하지요. 그 연설문 중에서 '국민의, 국민에 의

한, 국민을 위한 정부'라는 말은 아주 유명합니다. 이 말은 '인간의 평등'과 '자유'라는 민주주의의 근본이념을 아주 간결하게 드러낸 명문이라 일컬어집니다.

불교의 평등과 자유

저는 『법화경』의 가르침을 이 구절에 빗대어 설명해 보려 합니다. 위의 표현을 불교식으로 바꾸면 『법화경』은 '붓다의, 붓다에 의한, 붓다를 위한 가르침'이 됩니다. 저는 이 표현이 가능하다고 생각합니다. 그 이유는 『법화경』의 근본 사상 또한 '평등'과 '자유'라 할 수 있기 때문입니다. 물론 정치라는 현실적인 영역과 종교에서 말하는 평등과 자유가 완전히 똑같을 수는 없겠지만, 기본적인 방향은 같다고 생각합니다.

　『법화경』에서는 평등을 '일승(一乘)'이라는 용어로 표현합니다. 또는 '일불승(一佛乘)'이라고도 합니다. '일승'은 인간의 평등은 물론이고, 나아가 생명 있는 존재 모두의 평등을 말합니다. 여기에 '불(佛)'이라는 한 자가 더해진 '일불승'은 일체의 존재가 붓다로서 평등하다는 의미가 됩니다. 이처럼 『법화경』에서 말하는 평등의 폭과 깊이는 매우 넓고 깊습니다. 그것을 중심적으로 설명하는 품이 「제2방편품」입니다.

또한 자유는 불교에서 궁극적으로 추구하는 목표라고 할 수 있습니다. 불교는 무엇에도 걸림이 없는 궁극의 자유를 높이 평가하며 그것을 '해탈(解脫)'이나 '열반(涅槃)'이라는 용어로 부릅니다. 붓다는 다름 아닌 그러한 자유를 실현한 존재입니다. 특히 『법화경』은 붓다가 얻은 대자유의 경지를 말하고 있습니다. 그러한 붓다의 경지를 밝히는 품이 「제16여래수량품」입니다.

평등과 자유는 불교가 지향해 온 중심적인 가치임이 분명합니다. 그리고 『법화경』은 불교가 추구해 온 이 두 가지 가치를 더욱 분명하고 남김없이 밝히고 있습니다. 그러기에 '붓다의, 붓다에 의한, 붓다를 위한 가르침'이란 표현을 통해 『법화경』을 설명하는 것이 가능하리라 생각합니다. 그럼 아래에서 그 의미를 살펴보도록 하겠습니다.

먼저 '붓다의 가르침'이란 이 가르침의 소유자가 붓다임을 뜻합니다. 이는 존재의 절대적 평등성과 붓다의 경지는 오직 붓다만이 알 수 있음을 말합니다.

『법화경』에서는 이 경전에 대해 '불소호념(佛所護念)'이라고 자주 말하고 있습니다. 이는 붓다가 이 경전을 '소중히 보호하고 생각한다'는 뜻입니다. 여기에서 '호념(護念)'은 산스크리트어 『법화경』(산스크리트어는 고대 인도의 성전어로, 한문 표현으로는 범어(梵語)라고 합니다. 따라서 산스크리트어로 작성된 『법화경』을 범어본(梵語本)이라고 부르기도 합니다)으로 보면 붓다가 '소중히 간직하는 것'이라는 의미가 있습니다. 또한 '제법의 실상은 오직 붓다들만이 알 수 있다'라는 경전의 구절도 같은 맥락이라 할 수 있습니다.

사실 평등의 문제를 생각해 보면, 우리가 평등성에 대해 자각을 갖게 된 것은 인류의 긴 역사에서 비교적 최근의 일입니다. 불과 몇백 년 전까지 우리는 신분 사회에 살고 있었고, 노예제를 폐지한 것도 200년이 채 되지 않습니다. 더구나 인도에서는 카스트(Caste) 제도, 원어로는 '바르나(varṇa)'라 불리는, 피부색에 의해 신분을 구분하는 신분제도가 붓다 재세 시에 이미 형성되어 있었고 근대까지 영향력을 끼치고 있습니다.

그런데 『법화경』은 지금으로부터 대략 2,000년도 전에 일체의 생명이 평등하며 모두 붓다가 될 수 있다고 선언했으니, 참으로 경이로운 지혜의 가르침입니다. 더욱이 붓다가 얻은 대자유의 경지는 붓다가 아니고서는 알 수 없으니 『법화경』이 '붓다의 가르침'이라는 것은 충분히 수긍할 수 있습니다.

'붓다에 의한 가르침'이란 위의 내용과 바로 연결되는데, 『법화경』의 내용은 붓다만이 알 수 있는 경지이므로, 그 가르침을 펼 수 있는 이도 붓다뿐이라는 의미입니다.

이상의 두 가지는 『법화경』의 중요한 특징입니다. 그러나 이러한 측면만을 보면 『법화경』은 그저 붓다의 이야기일 뿐, 우리와는 아무런 상관이 없어 보입니다. 간혹 『법화경』을 처음 읽은 분께 소감을 물어 보면, 『법화경』은 이 경전의 위대함을 반복하여 말하고 있어서 꼭 자기 자랑만 하는 것 같다고 이야기하는 경우가 있습니다. 그것은 『법화경』과 우리의 관계를 잘 이해하지 못했기 때문입니다.

마지막으로 『법화경』과 우리의 관계를 나타내는 것이 '붓다를 위한 가르침'입니다. 여기서 붓다는 다름 아닌 우리 중생을 말합니다. 『법화경』을 이런 방식으로 표현할 수 있는 이유는 『법화경』의 내용이 우리 모두를 평등하게 성불이라는 대자유로 이끄는 가르침이기 때문입니다. 그렇다면 『법화경』은 우리를 위한 가르침이며, 곧 우리의 이야기이기도 합니다.

붓다의 이야기 – 우리의 이야기

이상의 내용을 정리하면 『법화경』은 붓다만이 알 수 있고, 붓다만이 밝힐 수 있는 가르침입니다. 따라서 『법화경』의 표면적인 주인공은 분명 붓다입니다. 그러나 내용의 측면에서 보면 이 경전의 모든 말씀은 사실 다 중생을 위한 것입니다. 바로 우리 모두 붓다가 될 수 있다는 것이지요.

바꾸어 말하면, 『법화경』은 '석가모니 붓다'가 '미래의 붓다(=우리)'를 위해 설한 경전이 됩니다. 제가 전통적인 용어를 쓰지 않고 새로운 표현을 사용한 이유는 여기에 있습니다.

그렇습니다. 『법화경』은 붓다의 이야기이면서 동시에 저와 여러분 모두의 이야기인 것입니다. 더 정확하게는 '우리의 이야기가 될 붓다의 이야기'라 할 수 있습니다. 이 점을 잘 이해하시면 『법화경』의 가르침이 더 의미 있게 느껴지고, 『법화경』에서 더욱 많은 것을 얻을 수 있으리라 생각합니다.

내가 나를 모른다는 존재의 모순

예나 지금이나 자신이 어떤 존재이며, 얼마만큼의 가능성과 가치를 지니고 있는지를 확실하게 안다고 말할 수 있는 사람은 그리 많지 않을 것입니다. 이름이나 사회적 지위, 이력서에 기재하는 활동 내역 등은 자신에 관한 정보이지, 자신의 진정한 가치라 할 수는 없습니다. 이름부터 이력서의 내용 등은 모두 언제든 바꾸거나 바뀔 수 있기 때문입니다. 자신이 정작 자기 자신에 대해 잘 모른다는 것은 일종의 모순이라고 할 수 있지만, 대부분의 사람들이 살아가는 현실이기도 합니다.

특히 지금 시대의 우리는 날마다 치열한 경쟁 속에서 살다 보니 좀처럼 자신을 돌이켜 볼 겨를이 없습니다. 과학 기술의 눈부신 성과 덕분에 세상은 하루가 다르게 빠르게 변하고 있고, 학문 분야도 엄청난 발전을 이루어 외부 세계에 대한 우리의 지식은 과거 어느 세대보다 방대하고 치밀합니다. 그러나 홍수가 나면 마실 물이 없다고 했던가요. 넘쳐나는 정보와 지식은 우리의 관심을 끊임없이 외부의 세계로 향하게 만들고, 그러는 가운데 우리는 어느새 자신을 돌아보는 일에서 점점 멀어지게 됩니다.

이러한 상황에서 풍요 속의 빈곤과 상실감, 허탈감은 커져만 갑니다.

우리는 모두 행복한 삶을 원합니다. 행복은 인생의 사치가 아니라, 모두가 원하는 정당한 바람입니다. 붓다가 깨달음을 얻고 교화를 시작한 이유도 '보다 많은 중생의 이익과 안락과 행복을 위해서'라고 합니다. 이것을 붓다의 '전도선언(傳道宣言)'이라고 부릅니다.

붓다가 전도선언에서 밝혔듯이 우리가 이 세상에 태어나 행복을 추구하는 것은 자연스럽고 정당한 일이지만, 아쉽게도 행복의 상태는 오래 지속되지 않습니다. 괴로움은 우리의 삶에 꼬리에 꼬리를 물듯이 밀려오고, 그 속에서 행복을 찾는다는 것이 어렵게 느껴지기까지 합니다.

보다 견고한 행복을 위해

그렇다면 우리의 행복을 보다 견고한 것으로 만들기 위해서는 어떻게 해야 할까요?

물론 여러 가지 조건들이 필요할 것입니다. 가령 행복을 방해하는 괴로움이 왜 발생하고, 어떻게 그것을 벗어날 수 있는지 아는 것도 중요합니다. 불교에서 말하는 네 가지 성스러운 진리, 사성제(四聖諦)는 그것을 밝히고 있습니다.

사성제는 일체가 괴로움이라는 진리, 괴로움의 원인에 관한 진리, 괴로움의 소멸에 관한 진리, 괴로움의 소멸에 이르는 수행 방법에 관한 진리, 이 네 가지를 말합니다. 이 사성제의 가르침은 괴로움에서 벗어나 온전한 행복에 이르는 놀라운 지혜를 전하고 있습니다.

그러나 그에 못지않게 자기 자신의 진정한 가치를 아는 것도 중요합니다. 자기의 진정한 가치를 이해하게 되면 자존감이 높아지고, 그러면 여러 상황 속에서도 덜 흔들릴 것입니다. 괴로움에 대한 내구력이 향상된다고 표현하는 것도 가능합니다. 자기의 가치를 이해하는 것이 필요한 이유입니다.

자기를 이해한다는 것

불교를 배우는 것은 곧 자기를 알아가는 것이라고도 합니다. 불교를 통해 자신이 어떤 존재인지를 제대로 이해하게 된다는 말입니다. 『법화경』은 자기의 진실한 가치를 이해한다는 이 중대한 주제에 매우 적합한 경전입니다. 이 경전에서 붓다는 존재에 대한 심오한 통찰을 밝힘으로써 우리 자신이 어떤 존재인지를 깨닫게 해 줍니다.

삶이라는 바다에는 늘 파도가 치기 마련입니다. 이때 자신이 어떤 존재인지를 잘 이해한다면 우리는 삶의 거친 파도에도 좀 더 굳건해질 수 있습니다. 이렇듯 『법화경』은 우리가 어떤 존재이며 얼마만큼의 가능성을 지니고 있는지를 밝혀 줌으로써 우리를 더 큰 행복의 세계로 인도해 줄 것이라고 저는 생각합니다.

그럼 저와 함께 『법화경』의 세계로 떠나보시겠습니까?

2

『법화경』은

왜

만들어졌을까

여행을 떠나기 전에 여행지에 관한 배경지식을 알아두면 여행의 즐거움이 더욱 커집니다. 배경지식이 있으면 같은 장소를 여행하더라도 더 많은 것을 느끼고 더욱 풍부한 경험을 할 수가 있지요.

이 장은 이 책에서 그러한 역할을 합니다. 『법화경』의 사상을 본격적으로 설명하기 위한 예비 단계이지요. 배경지식을 설명하는 부분이기 때문에 조금은 딱딱하게 느껴지실 수도 있습니다. 그렇지만 내용을 알아두시면 3장에서 이야기할 경전의 사상을 이해하는 데에 많은 도움이 될 것으로 생각합니다.

이 장에서는 『법화경』의 성립과 전개, 경전 제목의 의미와 전체적인 구성 및 내용, 경전의 출현 배경과 문제의식 등을 소개하고자 합니다.

『법화경』은 언제 어떻게 만들어졌을까

『법화경』은 대승불교의 대표적인 경전 중 하나입니다. 이 경전은 『화엄경』과 함께 대승불교의 정수라고 불리기도 합니다. 『법화경』은 시기적으로는 초기 대승 경전에 속하는데, 여기에는 그 밖에 반야경, 『유마경』, 『무량수경』, 『화엄경』 등이 포함됩니다.

『법화경』의 중요한 특징은 초기불교의 경전인 아함경의 가르침은 물론이고, 반야·정토·화엄 등의 사상과 연결되는 내용이 설해져 있다는 데에 있습니다. 이것은 『법화경』이 기존의 불교 사상을 종합하는 경전임을 의미합니다.

『법화경』 자체의 설명을 보더라도 이 점이 분명하게 의식되고 있음을 알 수 있습니다. 『법화경』에서는 붓다가 이 세상에 출현하는 이유를 밝히고 있으며, 또한 붓다가 열반에 들기 전에 설하는 법문이라고 말합니다. 이것은 『법화경』이 붓다 교화의 시작과 끝을 모두 아우르고 있음을 나타냅니다. 『법화경』에서 붓다의 교화가 비로소 완성된다는 뜻입니다.

경전의 내용에서 드러나는 모든 불교 교리에 대한 관점은 『법화경』이 종합적인 불교를 지향하고 있음을 보여 줍니다.

『법화경』의 성립

『법화경』이 어디서 만들어졌는가에 대해서 대부분의 학자들은 서북 인도에서 성립된 것으로 보고 있습니다. 하지만 성립 시기에 관해서는 문제가 간단하지 않습니다. 이를 간략히 알아보도록 하겠습니다.

성립 시기를 확정하는 것이 어려운 이유는 고대 인도 사회의 역사 인식과도 관련이 있습니다. 고대 인도의 정황을 알려 주는 역사적인 자료가 거의 없는 것으로 보아 당대의 인도인들은 역사의식이 매우 희박했던 것으로 보입니다. 대신에 무수히 많은 신들의 이야기로 넘쳐나지요 (그래서 흔히 인도를 가리켜 '신화의 나라'라고 부르기도 합니다). 때문에 인도의 옛 연대에 대한 추정은 인도 이외의 역사 자료를 바탕으로 하는 경우가 대부분입니다.

이 같은 문화적 환경에서 특정 사건의 시기를 파악하는 것은 쉽지 않습니다. 불교의 개조인 석가모니의 생몰 연대에 대해서도 기원전 6세기에서 5세기로 보는 설과 기원전 5세기에서 4세기로 보는 두 가지 설이 있을 정도입니다. 이는 비슷한 시기에 활동했던 공자에 대해서 비교적 정확한 생몰 연대를 알 수 있는 것과는 대조적입니다.

일반적으로 대승 경전의 성립 연대를 추정하는 방법 역시 인도의 자료로는 추정이 어렵기 때문에, 중국 등에서 경전이 번역된 연도에 근거하여 역추적하는 방식을 택하고 있습니다. 그러니 경전 성립의 정확한 연도를 안다는 것은 대단히 어려운 일입니다. 그러나 다행히도 학자들의 면밀한 연구 덕에 대강의 윤곽을 파악할 수 있게 되었습니다.

『법화경』의 성립 방식을 둘러싸고 학자들은 크게 두 가지 의견을 제시합니다. 단계적 성립과 동시 성립이 그것입니다. 이러한 주장들은 성립 시기나 기간에 대해서도 의견을 달리합니다.

단계적 성립을 주장하는 학자들은 『법화경』이 여러 단계를 거쳐 내용이 증보되면서 오늘날의 형태를 갖추었다고 봅니다. 그 시기에 관해서는 대략 기원후 1세기에서 2세기에 걸쳐 성립했을 것으로 추측합니다(기원전 1세기~기원후 2세기로 보는 학설도 있음).

반면에 동시 성립을 주장하는 학자들도 있습니다. 이 주장은 『법화경』의 구성과 각 품의 연결성을 중시합니다. 『법화경』을 읽어 보면 경전의 구성이 빼어나다는 것을 알 수 있습니다. 또한 경전의 후반부가 단순히 나중에 추가된 것이 아니라, 그 안에도 중요한 메시지가 포함되어 있다는 점 역시 고려해야 할 포인트가 됩니다. 예를 들어 「제16여래수량품」은 후반부에 속하지만 매우 중요한 가르침을 담고 있습니다. 여러분이 읽고 계신 이 책도 『법화경』의 중심 사상을 뒤의 3장에서 해설하는 구성을 취하고 있습니다. 따라서 순서만 가지고 앞에 있는 내용이 가장 중요하다고 단정할 수는 없겠지요. 다만 동시 성립이라고 해서 말 그대로 한꺼번에 만들어졌다고 주장하는 것은 아닙니다. 원고가 작성되어 책으로 편집되기까지는 시간이 걸리듯이, 경전이 편찬되는 데에도 일정한 시간이 소요되었을 것이라고 보는 것이지요. 이 주장에서는 그 시기를 대략 한 세대로 추정합니다.

처음에는 단계적 형성론이 다수의 학자에 의해 제기되면서 이 주장에 무게가 실렸지만, 동시 성립이라는 반론이 제기되면서 현재는 원점으로 되돌아온 형국입니다. 이에 대해 개인적인 의견을 말씀드리자면, 경전의 사상을 연구하기 위해서는 단계적 형성이라는 관점만으로는 충분하지 않으며 경전의 구성과 연결성을 통합적으로 볼 필요가 있다고 생각합니다.

한편 『법화경』 자체의 설명에도 주목할 필요가 있습니다. 경전에서는 '붓다가 열반에 든 후 500년이 지났을 시기에 어떻게 하면 이 경전의 가르침을 잘 유지하고 전승해 나갈 수 있는가'라는 문제의식이 강하게 표출되고 있습니다. 이것을 『법화경』이 직면한 시대적 상황을 반영하는 것으로 생각해 볼 수 있습니다.

그런데 불교에서는 이 '불멸(佛滅) 후 500년'이란 기간에 대해서 붓다의 정법(正法, saddharma)이 쇠퇴기로 접어드는 시기라는 인식이 있었습니다. 나중에 경전의 제목을 설명하며 이야기하겠지만 바로 이 용어, '정법(saddharma)' 이 『법화경』의 산스크리트어 제목에 사용되고 있습니다. 따라서 『법화경』이 이러한 위기 상황을 의식하고 있었던 것은 분명해 보입니다. 이러한 정황들을 고려한다면, 이 경전은 붓다가 열반에 든 후 대략 400년 정도부터 작성되기 시작했으리라는 추측도 가능합니다.

불설이란 무엇일까

여기서 다음과 같은 의문을 제기하는 독자도 계시리라 생각합니다. 붓다는 지금으로부터 대략 2,500년 전에 활동했는데, 『법화경』이 기원후 1세기 무렵에 등장한 경전이라면 '『법화경』은 붓다의 말씀이 맞는가' 하는 의문입니다. 이와 같이 '붓다의 가르침은 무엇인가'라는 논의를 '불설(佛說) 논쟁'이라고 합니다. 이 논의에 대해 간단히 설명하도록 하겠습니다.

여기서 한 가지 말씀드릴 것은 불설에 관한 논쟁이 역사주의와 실증주의를 중시하던 우리 시대만의 논쟁이 아니라는 것입니다. 사실 인도에서는 무엇이 불설인가를 둘러싸고 끊임없이 논쟁을 거듭해 왔습니다.

붓다 사후에 붓다의 말씀을 확정하는 결집(結集)이라는 회의가 열렸다고 전해집니다. 이 결집을 통해 붓다의 가르침인 경(經)과 승원의 규율에 관한 조항인 율(律)이 확정되었습니다. 이러한 결집이 필요했던 이유는 붓다가 자신의 후계자를 세우지 않고, 그 대신에 자신이 평소 가르쳤던 진리와 규율에 따라 수행하라는 유훈을 남겼기 때문입니다.

이 결집은 여러 차례 거행되었는데, 점차 이견이 발생하여 교단은 여러 갈래로 분열되었습니다. 이것을 '부파(部派)불교'라고 부릅니다. 그리고 각 부파에서는 붓다의 가르침을 해석하는 논(論)이 작성되었습니다. 이로써 불교의 성전인 경장·율장·논장의 삼장이 갖추어지게 되는 것입니다.

그런데 문제는 각 부파마다 전승하는 삼장이 서로 달랐다는 점입니다. 이들은 자신의 부파가 소유한 삼장이야말로 불설이라고 주장하며 첨예하게 대립하였습니다. 불설 논쟁이 본격화된 것입니다. 특히 논장은 붓다 사후 꽤 시간이 지나고서 작성된 것입니다. 따라서 논장이 어떻게 붓다의 가르침에 준하는 정통성을 지닐 수 있는지는 부파불교에서 해결해야 할 중요한 논점이 되었습니다.

부파마다 전승해 온 삼장이 다른 상황에서 오랜 논쟁을 거듭한 끝에 불교도들이 불설의 판단 기준으로 중시한 것이 '법성(法性)'입니다. 여러 가지 뜻으로 이해될 수 있지만, 여기서 말하는 법성은 논리와 이치에 부합한다는 의미입니다. 이치에 부합한다는 것은 번뇌를 제거하고 열반을 얻을 수 있게 하며, 그것이 체험을 통해 확인된다는 뜻입니다. 이러한 법성에 부합하는 것이 불설이라는 것입니다. 이로써 붓다 사후에 작성된 논장도 불설의 권위를 인정받게 되고, 논쟁의 역사 속에서 불설은 '잘 설해진 것(善說)이 곧 불설'이라고 정의되기에 이릅니다.

대승 경전이 불설이냐 아니냐 하는 논쟁 역시 이러한 흐름의 연장선상에 있습니다.

붓다 가르침에 대한 해석 - 구슬이 서 말이라도 꿰어야 보배

우리말에 구슬이 서 말이라도 꿰어야 보배라는 말이 있습니다. 아무리 귀한 구슬이라도 방바닥에 떨어져 이리저리 굴러다닌다면 보물로서 제 가치를 다하지 못한다는 뜻이지요. 사실 붓다는 다양한 상황에서 여러 방식으로 가르침을 전했기 때문에, 그러한 가르침을 제대로 연구하여 일맥상통하게 하는 작업이 필요했습니다. 부파불교의 학문적 연구가 지향한 것은 그러한 붓다 가르침에 대한 해석입니다. 이처럼 붓다의 가르침에 대하여 해석하고 체계화한 것이 부파불교의 또 다른 이름이 되었습니다. 바로 '아비달마(阿毘達磨) 불교'입니다. 아비달마는 '법에 대한 연구'라는 뜻이며, 초기 불전에 대한 해석학이라 할 수 있습니다.

대승불교의 사상은 이러한 부파불교의 해석학적 연구 흐름과 맥을 같이합니다. 대승의 사상가들은 자신들의 해석이야말로 붓다의 가르침에 대한 심오한 이해이며, 그 진의를 드러내는 것으로 확신했던 것입니다.

연기에 대한 부파와 대승의 이해

이를 연기(緣起)의 가르침을 예로 들어 살펴보겠습니다. 연기란 모든 현상이 자립적으로 존재하지 않으며 '의존하여 발생한다'는 뜻입니다. 석가족의 태자였던 수행자 고타마 싯다르타(Gotama Siddhārtha)는 법(法, dharma), 즉 진리를 깨닫고 마침내 붓다가 되었다고 전해집니다. 당시 많은 수행자가 붓다에게 어떠한 진리를 깨달았는지 물었는데, 붓다는 그 질문에 다음과 같이 대답했습니다.

"연기를 보는 자는 법을 보고, 법을 보는 자는 연기를 본다."

이 말은 붓다가 연기의 진리를 깨달았음을 선언하는 것입니다. 이처럼 연기는 붓다 깨달음의 내용이라고 불릴 만큼 불교에서 가장 중요한 진리입니다.

연기의 진리는 실체론적 사유를 부정한다는 점에 중요한 특징이 있습니다. 예를 들어, 우리는 '시계'라는 말을 사용하지만, 사실 시계는 많은 부품으로 이루어진 조립품에 '시계'라는 이름을 붙인 것이지요. 따라서 시계는 하나의 명칭일 뿐 실재가 아닙니다.

이와 마찬가지로 우리는 '나' 또는 '자아'라는 것이 실체로서 존재한다고 생각하지만, 이는 우리의 몸과 마음을 구성하는 다섯 가지 요소, 오온(五蘊)의 화합에 붙인 이름에 지나지 않습니다. 이를 '오온무아(五蘊無我)'라고 합니다. 이와 같은 방식으로 연기는 우리의 실체론적 사유를 해체합니다.

현상에 대한 분석과 해체는 부파불교에서 더욱 철저해집니다. 그러한 흐름 속에서 우리가 경험하는 현상보다 그것을 발생하게 만든 원인과 조건, 또는 현상을 구성하는 요소에 큰 의미가 부여되었습니다. 이를 다시 시계의 예로 설명하면, '시계는 실재가 아니지만, 시계를 구성하는 부품들은 실제로 존재한다'는 입장을 취하였다고 할 수 있습니다.

시계의 비유를 오온에 적용하면, 부파불교에서는 인간이란 이 다섯 가지 요소가 모여 있는 것에 지나지 않으며, 따라서 그 모임에는 본질이 없지만 인간을 구성하는 요소 자체의 존재성은 부정할 수 없다고 봅니다. 이를 '아공법유(我空法有)'라고 합니다. 아직 실체론적 사유가 남아 있는 것입니다.

그러나 대승불교의 반야경에서는 연기에 대해 보다 심원한 통찰을 제시합니다. 바로 모든 것이 공(空)하다는 사상입니다(一切皆空). 공하다는 것은 '비어 있다'라는 뜻인데, 일체가 공하다는 것은 모든 것이 실체로서 존재하지 않음을 말합니다.

『반야심경』의 첫 구절에 나오는 '오온개공(五蘊皆空)'은 바로 그러한 사상을 드러내고 있습니다. 반야경에서는 오온이라는 구성 요소조차도 스스로 존재하는 것은 아니라는 통찰에 도달하였습니다. 현상 세계에 존재하는 모든 것은 예외 없이 의존하여 발생하며, 의존하여 발생하는 것은 예외 없이 실체가 없다. 그러므로 일체가 공하다. 이 것이 반야경이 밝힌 연기의 궁극적인 의미입니다.

나아가 『화엄경』은 반야경의 공 사상을 계승하면서, 연기를 우주적인 스케일로 확대하고 심화시킵니다. 하나 의 투명한 구슬에 수많은 형상이 비치듯 하나의 현상이 발생하는 데에는 무궁무진한 현상들이 관여되어 있습니다. 그리고 무수히 많은 구슬이 서로를 비추듯 모든 현상 은 서로 관계를 맺고 있습니다. 이러한 관계를 두고 '하나 가 곧 전체이고, 전체가 곧 하나'라고 말합니다. 실제로 우 리는 우주의 모든 자연 현상이나 사회 현상 등이 서로 밀 접하게 관련을 맺으면서 시시각각 변화하고 있다는 것을 알고 있기에, 이러한 상호 연관성을 어느 정도는 이해할 수 있습니다. 그러나 상호 연관성을 깊고 정확하게 이해 하는 것은 결코 쉬운 일이 아닙니다. 또한 『화엄경』은 연 기법도 결국은 마음과 분리된 것이 아니라는 심오한 통찰 을 제시하고 있습니다.

『법화경』의 진리관으로는 '제법실상(諸法實相)'이라 는 말이 중요합니다. 제법실상이란 모든 법의 참모습이라는 의미입니다. 경전에서는 이것을 열 개의 범주로 설명하는데, 이를 '십여시(十如是)'라고 합니다. 간단히 설명하면, 십여시는 연기의 두 가지 측면을 세분화한 것입니다. 연기에는 차별적인 양상과 보편적인 평등성의 두 측면이 있습니다. 즉 모든 현상은 고유의 의존적 형성의 과정을 거쳐 아홉 가지의 차별적인 양상을 띠면서도, 궁극의 관점에서는 고정적인 실체가 없는 보편적인 평등성을 동시에 갖추고 있습니다. 따라서 모든 현상은 공하면서도 개별의 현상으로서 고유의 가치와 의미를 지니고 있습니다. 예를 들어 눈앞에 있는 사과는 실체는 아니지만, 하나의 사과가 되기까지 수많은 의존적 형성의 과정을 거쳐 우리 앞에 있습니다. 따라서 그 사과는 무상(無常)한 현상이면서도 연기의 진리가 그대로 투영된 것입니다. 이것이 제법실상의 의미입니다. '제법'이 그대로 '실상'이라는 것입니다. 제법실상의 지혜는 우리가 날마다 진리의 정원을 걷고 있다는 사실을 일깨워 줍니다.

사실 연기법은 대단히 난해합니다. 다만 불설 논쟁의 단면을 살펴보기 위해 부파와 대승의 이해를 간략하게 소개해 보았습니다. 이를 통해 알 수 있는 것은 대승불교가 부파와 단절되어 무에서 유를 창조한 것이 아니라, 붓다의 가르침에 대한 심화된 이해를 드러내고 있다는 점입니다.

대승불교의 교학 발전 과정에서 보이는 이러한 현상은 기본적으로 붓다의 가르침을 해석한 부파불교와 같은 맥락입니다. 우리는 불교의 진리관을 명확히 이해할 필요가 있습니다. 불교는 단순한 교조주의(教條主義)만으로는 설명되지 않습니다. 어떤 의미에서 불교사는 긴 해석의 역사라 할 수 있으며, 대승도 그 흐름의 일부입니다.

대승의 사상가들은 대승의 가르침이야말로 붓다 가르침의 진의를 드러내는 것임을 확신하고, 또한 그것이 그럴듯한 이론에 그치는 것이 아니라 수행을 통해 경험되고 입증된다는 확신을 바탕으로 대승을 주창했습니다. 그리고 이러한 대승의 사상가들에 의해서 대승불교는 인도에서 시작되어 동아시아와 티베트 등지에서 거대한 불교의 조류를 형성하게 됩니다.

『법화경』은 어떻게 전해졌을까

다양한 문화권의 『법화경』

『법화경』은 매우 다양한 언어로 전해지고 있습니다. 원전어인 산스크리트어본은 물론 한문, 티베트어, 서하(西夏)어, 몽골어, 만주어, 고대 튀르키예어 등으로 번역되었습니다. 또한 산스크리트어 사본을 포함하여 다양한 언어의 사본이 광범위한 지역에서 발견되었는데, 그 사본의 수는 단일 경전으로는 가장 많다고도 이야기됩니다. 이러한 점들은 『법화경』이 오랜 세월에 걸쳐 다양한 지역에서 신앙되었음을 보여 줍니다.

다양한 언어의 『법화경』 중 여기에서는 산스크리트어본과 한역본에 관해 간단히 소개하려 합니다.

산스크리트어 『법화경』 산스크리트어 사본은 크게 길기트, 중앙아시아, 네팔 계통으로 분류됩니다. 그중에서 네팔계 사본은 1837년에 영국의 호지슨(B. H. Hodgson,

1800~1894)에 의해 발견되었습니다. 그는 프랑스의 동양학자 외젠 뷔르노프(Eugène Burnouf, 1801~1852)에게 번역을 의뢰했고, 그 결과 『법화경』은 1852년 프랑스어로 출간되었습니다. 이로써 산스크리트어본 『법화경』은 대승 경전 중에서 최초로 서양에 소개된 경전이 되었습니다. 이후 여러 학자들이 비판적 교정본을 출간하여 현재 『법화경』 연구는 새로운 전기를 맞이하고 있습니다.

한역 『법화경』은 한문으로 총 여섯 회 번역되었고, 그 중 세 번역본이 현재까지 전해집니다. 축법호(竺法護, 230?~308?)의 『정법화경』(286), 구마라집(鳩摩羅什, 344~413)의 『묘법연화경』(406), 그리고 사나굴다(闍那堀多, 523~600)와 달마급다(達摩笈多, ?~619)가 공역한 『첨품묘법연화경』(601)이 그것입니다.

세 번역 중에서 『묘법연화경』은 불세출(不世出)의 천재적인 번역가 구마라집을 중심으로 2,000여 명의 승려들이 공동으로 참여하여 번역한 것입니다. 그렇다 보니 『묘법연화경』은 대단히 완성도가 높습니다. 실제로 『묘법연화경』을 보면 번역이 유려(流麗)하면서도 의미가 명료

하여, 읽으면서 마음이 평온해지는 느낌을 받습니다. 구마라집의 번역 이후 중국에서 『묘법연화경』에 대한 연구는 활기를 띠었고, 그 영향은 중국을 넘어 한국과 일본에까지 퍼져 갔습니다. 오늘날 『법화경』 하면 바로 『묘법연화경』을 떠올리는 데에는 이러한 배경이 있습니다.

　　이 책에서는 기본적으로 『묘법연화경』을 중심으로 설명해 나가려 합니다. 그리고 필요에 따라서는 산스크리트어본의 내용도 소개하고자 합니다.

『법화경』의 역사적 전개

그렇다면 『법화경』은 불교의 역사 속에서 어떤 영향을 끼쳤을까요? 이 주제에 대해 간략히 알아보겠습니다.

인도 구마라집과 더불어 중국의 4대 역경승(불경을 번역하는 스님) 중 한 분으로 진제(眞諦, Paramārtha, 499~569)라는 인도 스님이 있습니다. 진제 삼장은 인도에 『법화경』 주석가가 '용수(龍樹)보살을 비롯하여 50여 명이 있었다'고 전합니다. 이를 통해 인도에서 『법화경』이 활발하게 연구되었음을 알 수 있습니다. 그러나 거의 대부분이 산실되었고,

현재 전해지는 주석서는 세친(世親, Vasubandhu, 4세기 또는 5세기)의 한역본인 『묘법연화경우바제사』(일반적으로 『법화경론』이라 부릅니다)가 유일합니다.

또한 용수(龍樹, Nāgārjuna, 150?~250?)는 반야경의 주석서 『대지도론』에서 『법화경』을 자주 언급합니다. 용수가 『법화경』에서 특히 주목한 부분은 아라한이 성불할 수 있다는 내용입니다. 그의 법화경관을 엿볼 수 있는 대목입니다. 그 밖에 견의(堅意, 4세기 무렵)의 『입대승론』에도 『법화경』과 관련된 내용이 포함되어 있습니다.

인도의 주석서가 대부분 소실된 것은 안타까운 일이지만, 이후 『법화경』은 중국에 전해져 경전의 제목처럼 법의 꽃을 피우게 됩니다.

중국 『묘법연화경』이 번역된 후, 중국에서는 『법화경』에 대한 연구가 본격화되었습니다. 그 면면을 하나하나 설명하기는 어려우니, 여기서는 대표적인 주석가들을 소개하고자 합니다.

먼저 구마라집의 제자 도생(道生, 355?~434)이 『묘법연화경소』라는 주석서를 지었습니다. 이 책은 후대 『법화경』 연구에 많은 참고가 되었습니다. 이후의 걸출한 주석가로 『법화의기』를 저술한 법운(法雲, 467~529)을 들 수 있습니다. 그는 당시 『법화경』의 최고 권위자로 알려져 있었습니다.

법운 스님의 뒤를 이어 법화의 꽃이 중국에서 만개하는 데 크게 기여한 분은 지의(智顗, 538~597)입니다. 중국의 작은 석가(小釋迦)라고도 불리는 지의 스님은 불법에 대한 투철한 탐구 끝에 『법화경』이 붓다 가르침의 온전한 뜻을 그대로 드러내는 경전임을 확신하게 되었습니다. 그리하여 『법화경』을 핵심에 두고 모든 불교 사상을 해석하는 『법화문구』·『법화현의』·『마하지관』 등을 강술하였고, 이러한 스님의 사상은 천태종의 성립으로 이어졌습니다.

천태종은 『법화경』을 중심으로 모든 불교의 사상을 회통하는 종합 불교의 성격을 지니고 있습니다. 이 같은 천태종의 종합 불교적 특징은 『법화경』이 지니는 조화와 통합의 정신을 바탕으로 한 것입니다. 또한 천태종의 성립은 중국 최초의 종파불교(宗派佛敎)라는 의의를 지닙니다. 종파불교는 인도불교라는 씨앗이 중국의 토양에 심어지고 싹을 틔우는 시기를 거쳐 마침내 찬란하게 꽃을 피우고 열매를 맺은 것이라 할 수 있습니다. 후대의 화엄종, 정토종, 선종과 같은 중국의 종파불교는 천태종의 성립에 의해 촉발된 것입니다.

또한 삼론학파의 대성자인 길장(吉藏, 549~623)도 다수의 『법화경』 주석서를 저술하였고, 중국 법상종의 규기(窺基, 632~682)도 『법화현찬』이라는 주석서를 지었습니다. 이처럼 중국불교를 대표하는 스님들은 각자의 사상적 관점에서 『법화경』을 연구했으며, 그 밖에도 많은 『법화경』 주석서가 전해집니다.

덧붙이자면 중국의 『법화경』 연구는 교상판석(教相判釋)과 관련이 깊습니다. 중국에는 인도의 소승과 대승의 문헌이 혼재되어 전해졌기 때문에, 이를 체계적으로 정리할 필요가 있었습니다. 이러한 정리 작업을 교상판석, 줄여서 '교판'이라고 합니다. 이때 교판의 기준으로 중시되었던 경전이 『법화경』입니다. 교판은 중국불교가 더욱 성숙한 단계로 도약하는 데에 크게 기여했으며, 여기에서 『법화경』이 중요한 역할을 했다는 점 또한 주목할 만한 특징이라고 할 수 있습니다.

한국 우리나라에서는 이미 삼국시대부터 『법화경』 신앙이 성행하고 연구가 활발히 이루어졌다고 합니다. 그러나 대부분이 산실되어 현재 전해지지 않습니다. 그런 상황에서 원효(617~686)의 『법화종요』가 전해지는 것은 그나마 다행스러운 일입니다. 원효 스님은 화쟁 사상으로 유명하지요. 화쟁 사상은 갈등과 분쟁을 조정하여 화합과 조화로 이끄는 사상인데, 『법화종요』에는 불교 내부의 교리적 대립을 방편과 진실이라는 틀을 통해 회통하는 내용이 여러 곳에서 확인됩니다. 원효의 화쟁 사상은 그의 『법화경』 이해와 관련이 깊다고 생각할 수 있습니다.

　　고려시대에도 『법화경』에 대한 관심은 매우 높았습니다. 의천(1055~1101)은 중국의 천태종을 고려에 열었다는 점에서 중요합니다. 이로써 천태종의 법맥이 한국에 전해지게 된 것입니다. 또한 제관(諦觀, ?~970?)은 천태학에 조예가 깊었습니다. 스님이 저술한 『천태사교의』는 후대에 천태학의 필독서이자 불교학을 위한 입문서가 되었습니다. 그리고 의통(義通, 927~988)은 고려인임에도 중국 천태종의 제13조가 되어 중국 천태종 중흥에 큰 역할을 했습니다. 『법화경』이 고려시대 불교계에 미친 영향력을 짐작할 수 있는 대목입니다.

조선시대의 숭유억불 정책은 불교계에 큰 타격을 안 겼지만, 그러한 와중에서도 『법화경』은 언해본으로 간행되어 민중 속으로 저변을 넓혀 나갔다고 합니다. 또한 이 시기에 지어진 법화 연구서로는 김시습(1435~1493)의 『연경별찬』이 전해지고 있습니다.

이처럼 『법화경』은 불교가 전래된 삼국시대부터 조선시대, 그리고 오늘에 이르기까지 우리 민족의 역사와 함께 호흡해 온 소중한 경전입니다.

일본 일본에서 『법화경』은 국가 형성의 기틀을 마련한 쇼토쿠 태자(聖德太子, 574~622)가 『법화경』의 주석서 『법화경의소』를 저술한 이래로 중시되었습니다. 또한 헤이안(平安) 시대의 사이쵸(最澄, 767~822)는 중국에 다녀와 천태의 법맥을 이어 히에이잔(比叡山)에 천태종을 개창하였습니다. 이후 히에이잔은 일종의 불교 종합 대학의 역할을 하며 많은 고승을 배출하였습니다.

가마쿠라(鎌倉) 시대에는 왕실과 귀족을 중심으로 신행되던 불교가 무사 계급과 민중 속으로 퍼져 갔습니다.

이 시기의 불교를 '가마쿠라 신불교'라고 부릅니다. 가마쿠라 신불교의 대표적인 인물로는 정토종의 호넨(法然, 1133~1212), 정토진종의 신란(親鸞, 1173~1262), 조동종의 도겐(道元, 1200~1253), 일련종의 니치렌(日蓮, 1222~1282) 등이 거론됩니다. 이들은 모두 히에이잔에서 천태·법화 사상을 수학했다는 공통점이 있습니다. 신불교 조사들의 민중 교화는 『법화경』이 종교의 영역을 넘어 일본의 문화 속에 중요한 경전으로 자리매김하는 데 큰 역할을 했습니다.

또한 근대 이후 『법화경』에 사상적 기반을 둔 재가자의 신앙 단체가 다수 출범하여 활발한 활동을 펼치는 것도 일본불교의 특징이라 할 수 있습니다.

이처럼 인도에서 편찬된 『법화경』은 불교의 유구한 역사 속에서 수많은 불교도에게 신앙의 귀의처이자 삶의 의지처가 되어 왔습니다.

경전의 제목은 어떤 뜻일까

이제 『법화경』 속으로 한 걸음 더 들어가 보도록 하겠습니다. 먼저 경전의 제목을 살펴보는 것이 좋을 것 같습니다. 우리가 책 제목을 보고서 대강의 내용을 추측할 수 있듯이 경전 제목도 경전의 전체적인 내용을 반영하고 있기 때문입니다.

앞에서도 언급하였지만 『법화경』 하면 많은 분들이 구마라집 법사가 번역한 『묘법연화경』을 떠올리실 겁니다. 하지만 이 경전의 고향은 인도이며, 산스크리트어로 현재 전해지고 있습니다. 여기서는 원문인 산스크리트어를 중심으로 살펴보도록 하겠습니다.

경전의 산스트리트어 제목은 '삿다르마-뿐다리까-수뜨라(Saddharma-puṇḍarīka-sūtra)'입니다. '삿다르마(saddharma)'는 바른 법이라는 뜻입니다. 여기에는 붓다가 설한 '법문(法門)'의 뜻도 있지만, 붓다께서 깨달은 '진리'라는 의미도 담겨 있습니다. '뿐다리까(puṇḍarīka)'는 연꽃이며, 그중에서도 흰 연꽃, 즉 '백련(白蓮)'을 가리킵니다. 인도에서는 여러 연꽃 중에서 백련을 가장 아름답고 귀한 것으로 여깁니다. '수뜨라(sūtra)'는 '경전'을 말합니다.

따라서 경전의 의미를 우리말로 그대로 옮기면 '바른 법의 흰 연꽃 경전'이 됩니다.

이를 중국에서 구마라집 이전에 『법화경』을 번역한 축법호는 '정법화경(正法華經)'이라고 했고, 구마라집 법사는 '묘법연화경(妙法蓮華經)'이라고 번역했습니다. 이것이 경전 제목의 기본적인 뜻입니다.

다음으로 경전의 내용을 고려하여 그 의미를 살펴보도록 하겠습니다. 경전 제목의 의미를 생각할 때 관건이 되는 것은 정법(正法)과 백련의 관계입니다. 이것을 어떻게 보느냐에 따라 의미는 크게 두 가지로 이해될 수 있습니다.

흰 연꽃과 같이 빼어난 붓다의 가르침

먼저 백련을 정법에 대한 수식어로 보는 것이 가능합니다. 그렇게 보면, '삿다르마-뿐다리까'는 '백련과 같은 정법'이라는 뜻이 됩니다. 사실 붓다가 설한 법은 모두 정법입니다. 바른 법인 것이지요. 그런데 그 앞에 '백련과 같은'이라는 수식어가 붙으면 이 가르침은 붓다가 설한 법 중에서도 가장 훌륭하고 귀한 것이라는 의미가 됩니다. 즉 붓다의 법문 중에서 백련처럼 빼어난 가르침이라는 뜻이 되는 것이지요. '붓다의 법문 중에서 백미(白眉)'라고도 표현할 수 있습니다. 구마라집 법사가 바른 법을 뜻하는 'saddharma'를 단순히 '정법'이 아닌 '묘법'이라고 번역한 데에는 이러한 의도가 담겨 있다고 생각됩니다.

그런데 이 연(蓮)은 꽃이 필 때 그 속에 열매도 함께 있다고 합니다. 연의 이러한 특징을 '화과동시(花果同時)'라고 합니다. 붓다 교화의 관점에서 보면 꽃은 방편의 가르침이고, 열매는 교화의 진실입니다. 그리고 꽃과 열매가 함께 있다는 것은 방편의 가르침 속에 교화의 진실이 담겨 있다는 『법화경』의 사상을 표현하고 있다고 볼 수 있습니다.

연꽃과 보살행

한편 연꽃의 상징성을 고려하면 또 다른 이해가 가능합니다. 연꽃이 불교를 상징하는 꽃이라는 점은 잘 알려져 있습니다. 사찰에 가면 어디서든 연이 아름답게 꽃을 피운 광경이나 연꽃 모양의 장식을 볼 수가 있지요. 그렇다면 왜 연꽃이 불교의 정신을 상징하는 꽃이 되었을까요?

그것은 연꽃의 특성과 관련이 있습니다. 연꽃의 미덕은 흙탕물에서 자라나 꽃을 피우면서도 흙탕물에 물들지 않고 그곳을 정화하는 데에 있습니다. 이를 '처염상정(處染常淨)'이라고 합니다. 이러한 연꽃의 특성은 불교에서 중시되었고, 특히 초기의 대승 경전에서는 대승의 정신을 상징하는 것으로 여겼습니다.

대승불교에서는 번뇌 가득한 세상을 버리고 홀로 고요함 속에 머무는 것이 아니라, 세상 속에서 교화하며 사람들의 마음을 정화하는 보살(菩薩)의 실천을 중시합니다. 보살의 실천을 '보살행(菩薩行)'이라고 하는데, 초기 대승 경전에서 보살행을 연꽃에 비유한 예는 매우 많습니다. 그중에서 대표적인 것을 소개하면, 『유마경』에서는 보살이 세상에 머물며 보살행을 실천하는 것을 "세상에 집착하지 않음이 연꽃과 같다"라고 말합니다.

『법화경』의 「제15 종지용출품」에서도 "보살들이 보살도를 잘 익혀 세상에 물들지 않음이 마치 연꽃이 흙탕물에 오염되지 않는 것과 같다"라고 하여 보살행을 연꽃에 비유합니다. 이 구절은 『법화경』이 연꽃을 어떻게 이해하고 있는지를 보여줍니다. 그리고 연꽃을 경전 제목에 사용했다는 점은 『법화경』이 보살행을 매우 중요하게 여긴다는 것을 시사합니다.

일불승과 보살행의 실천

이렇게 보면 삿다리마-뿐다리까-수뜨라는 '정법'과 '백련과 같은 최상의 보살행'을 설하는 '경전'이 됩니다. 여기서 정법은 앞에서 언급했듯 누구라도 붓다가 될 수 있다는 일불승의 가르침을 말합니다. 이것이 「제2방편품」의 핵심적인 내용입니다. 백련과 같은 최상의 보살행은 모든 중생이 자신의 가능성을 실현하도록 돕는 석가모니 붓다의 교화를 말합니다. 관련된 내용이 「제16여래수량품」에서 밝혀집니다.

이를 정리하면 『법화경』의 제목은 '모든 중생의 성불 가능성을 설하고(saddharma)', 실제로 중생들을 성불로 이끌기 위한 '석가모니 붓다의 쉼 없는 교화(puṇḍarīka)'를 설하는 '경전(sūtra)'이라는 의미가 됩니다.

또한 넓은 관점에서 정법은 붓다의 지혜를 가리키고, 연꽃으로 비유된 보살행은 자비의 실천을 말하므로, 경전의 제목은 불교의 두 가지 중심축인 '지혜'와 '자비'를 드러낸다고도 할 수 있습니다.

경전 제목의 연꽃을 보살행의 관점에서 이해하려는 시도는 비교적 최근에 이루어졌습니다. 이러한 시도는 근대 이후에 산스크리트어본 『법화경』 연구가 본격화되었다는 것과도 연관성이 있다고 생각됩니다.

이처럼 경전 제목에 대해 크게 두 가지 이해 방식이 가능합니다. 그러나 어느 것이 옳고 그르고의 문제는 아닙니다. 연꽃에는 화과동시와 처염상정의 특징이 모두 있기 때문입니다. 다만 경전 제목의 연꽃을 보살행의 관점에서 보면 『법화경』이 보살행을 매우 중시한다는 점이 선명하게 드러나므로, 최근의 연구 성과에도 주목할 필요가 있습니다.

『법화경』은 어떤 내용일까

경전의 구성 및 핵심 주제

경전 제목에 이어서 경전의 구성과 중요 내용을 간략히 살펴보도록 하겠습니다. 여기서는 가장 널리 읽히는 『묘법연화경』을 기준으로, 중요한 주제를 중심으로 설명하고자 합니다.

『묘법연화경』은 전부 28품으로 구성되어 있습니다. 편의상 제1품부터 제14품까지를 전반부, 제15품부터 마지막 제28품까지를 후반부라 부르도록 하겠습니다.

1장에서 말씀드렸듯이 『법화경』의 사상을 한마디로 말하면 불(佛)이라 할 수 있습니다. 전반부에서 그것을 중점적으로 밝히는 품이 「제2 방편품」입니다. 누구나 붓다가 될 수 있다는 것입니다. 바로 일불승입니다. 이것은 성불의 원인을 밝히는 것입니다.

그렇다면 '붓다란 과연 어떤 존재인가'라는 것이 중요해지는데, 붓다의 본모습을 설명하는 품이 「제16 여래수량품」입니다. 성불이라는 결과에 대하여 밝힌 것입니다.

그럼 이제 붓다가 되기 위해서는 어떻게 수행해야 하는가의 문제가 남는데 이 부분은 보살행과 관련됩니다. 경전의 전반부에서는 「제10법사품」과 「제14안락행품」이 보살행을 특히 중요하게 다룹니다. 한편 후반부에서는 사실 거의 모든 품이 보살행을 이야기하고 있습니다. 그러므로 어떤 의미에서는 『법화경』 전체에서 보살행이 설해지고 있다고도 볼 수 있습니다.

이상의 내용을 요약하면, 『법화경』은 「방편품」을 중심으로 성불의 원인을 밝히고, 중반부의 「여래수량품」에서는 성불이라는 결과를 보여 주며, 성불을 위한 수행을 경전의 곳곳에서 거듭 강조합니다. 그러므로 『법화경』의 대의는 일불승의 가르침과 그 결과, 그리고 일불승의 실천에 있다고 할 수 있습니다.

『법화경』의 내용 전개

이 책은 『법화경』의 핵심 주제를 설명하는 것을 목적으로 하며, 각 품을 해설하는 책은 아닙니다. 하지만 핵심적인 내용을 이해하려면 경전의 흐름을 어느 정도 파악해 두는 것이 좋습니다. 이에 경전의 전개를 간략하게 소개하고자 합니다.

「제1서품」에서 붓다는 영취산에서 많은 대중과 함께 있습니다. 붓다는 무량한 뜻(無量義)에 관한 법문을 설한 후에 깊은 명상에 듭니다. 그러자 여러 상서로운 일들이 벌어집니다. 이러한 현상은 이제 곧 붓다가 중요한 법문을 설하리라는 것에 대한 전조입니다(제1품).

붓다가 명상에서 나와 이윽고 설법을 시작합니다. 붓다는 지금까지 중생의 다양한 능력과 성향 등을 고려하여 그들에게 맞게 여러 가르침을 폈지만 그것들은 방편이며, 이제 그 진실을 밝히니 모든 중생에게 붓다의 지혜를 얻게 하는 것이 교화의 진정한 목적이라는 것이 그 내용입니다. 바로 일불승의 가르침입니다(제2품).

붓다는 일불승의 가르침을 이해한 사리불에게 성불의 수기(授記, 보증 또는 기별의 뜻입니다. 자세한 것은 다음 장에서 설명합니다)를 내리고, 불타는 집(火宅)을 시작으로 여러 비유의 설법이 이어집니다(제3~5품).

그리고 나서 붓다는 비유를 통해 일불승을 이해한 제자들에게 수기를 내리고, 이후 전생 이야기를 하면서 자신과 제자들 사이에 과거 법화로 맺어졌던 인연이 있음을 밝힙니다(제6~7품). 법회에 참석한 많은 제자들이 차례로 수기를 받습니다(제8~9품).

「제10법사품」에서 붓다는 이 경전의 가르침을 기쁘게 받아들이면 누구든 성불할 것이라고 말하고, 경전의 가르침대로 열심히 공부하고 수행하여 법을 널리 전하는 법의 스승(法師)이 될 것을 당부합니다. 그러자 다보불(과거의 붓다)의 탑이 등장하여 『법화경』의 가르침이 진실임을 증명하고, 석가불이 다보탑 안에 들어가 함께 앉습니다. 이는 붓다에게 역사적인 차원뿐 아니라, 궁극의 차원이 존재한다는 것에 대한 암시입니다(제11품).

이어서 붓다와 교단에 씻기 어려운 잘못을 많이 저지른 제바달다에게 성불의 수기를 내립니다. 악인의 구제입니다. 또한 동물이자 여인의 몸을 가진 용왕의 딸(龍女)이 성불하는 모습을 보입니다. 말 그대로 일체의 중생이 성불할 수 있음을 밝히는 것입니다(제12품).

이어서 많은 보살이 붓다 사후에 『법화경』을 널리 전하겠다고 다짐하자(제13품), 붓다는 평온한 마음으로 법을 전하는 방법을 알려 줍니다(제14품).

「제15종지용출품」에서는 많은 수의 보살이 땅속에서 솟아오릅니다(從地涌出). 이들은 모두 석가모니 붓다에 의해 먼 과거로부터 교화를 받아 온 대보살입니다. 이는 제자에게도 궁극의 차원이 있음을 보여 줍니다. 이 보살들을 보자 대중들에게 '붓다께서는 도대체 언제 이들을 다 교화했는가?'라는 의문이 생깁니다. 이에 붓다는 대중들에게 '여래는 진실을 말하니 여래를 신뢰하라'라고 거듭 마음을 다잡으신 후에 붓다의 진실을 밝힙니다. 그 진실은 자신이 최근에 깨달은 것이 아니라 아주 먼 과거에 이미 깨달음을 이루었고, 남은 수명도 무량하며, 붓다가 열반(죽음)에 드는 것은 방편일 뿐, 언제나 중생을 교화한다는 내용입니다(제16품).

이어서 『법화경』을 기뻐하고 믿고 수행하는 공덕을 설합니다(제17~19품). 이는 진실한 말에는 힘이 있음을 의미합니다. 그리고 법화 일승 사상을 실천한 상불경보살의 예화가 설해집니다. 상불경보살은 중생에 대한 존중과 예배행의 실천으로 대법사가 되었는데, 이 보살은 사실 석가모니 붓다가 성불하기 이전 시절의 이야기입니다(제20품). 이후 붓다는 보살들에게 여래가 열반에 든 이후 『법화경』을 소중히 여겨 스스로 익히고, 또한 널리 전해 많은 이들을 이롭게 할 것을 거듭 당부합니다(제21~22품).

제23품부터 마지막 품까지는 관세음보살, 보현보살과 같은 대보살들이 『법화경』을 공부하고 수행하며 전하는 사람들을 격려하고 수호하는 이야기가 설해지면서 법문이 마무리됩니다.

이상의 내용을 표로 정리하면 다음과 같습니다.

품의 이름	중요 내용	대의
제1서품	붓다께서 삼매에 들자 상서로운 징조들이 나타남	도입부
제2방편품	붓다께서 삼매에서 나와 기존의 가르침이 붓다 교화의 본뜻인 일불승을 위한 다양한 방편이었음을 밝힘	
제3비유품	붓다의 의도를 이해한 사리불에게 성불의 수기를 내리고 불타는 집의 비유로 일불승의 뜻을 거듭 설함	
제4신해품	일불승을 가난한 아들과 부자 아버지의 비유로 거듭 설함	
제5약초유품	일불승을 약초의 비유로 거듭 설함	
제6수기품	4명의 성문 제자에게 성불의 수기를 내림	
제7화성유품	제자들과 과거세에 맺었던 법의 인연을 밝힘	일불승의 가르침 (+수기/법사행/ 서원)
제8오백제자수기품	법화회상의 오백 아라한에게 수기를 내림	
제9수학무학인기품	2,000명의 제자에게 한꺼번에 수기를 내림	
제10법사품	일불승을 기쁨으로 받아들이는 모든 이에게 성불의 수기를 약속하고 법사의 길을 설함	
제11견보탑품	다보여래의 탑이 출현하여 법화경의 가르침이 진실한 것임을 증명함	
제12제바달다품	악인 제바달다에 대한 수기와 축생인 용녀의 성불을 보임	
제13권지품	많은 보살이 『법화경』을 간직하여 널리 전하리라는 서원을 세움	
제14안락행품	법사가 평온한 마음으로 『법화경』을 전하는 네 가지 방법을 설함	

품의 이름	중요 내용	대의
제15종지용출품	붓다가 과거세에 교화했던 수많은 보살들이 땅속에서 출현(종지용출의 보살)	구원 교화의 증명
제16여래수량품	붓다의 본모습을 밝힘(구원성불과 상주교화)	일불승의 결과
제17분별공덕품	「여래수량품」을 듣고서 얻게 되는 다양한 공덕을 설함	
제18수희공덕품	『법화경』을 듣고서 마음으로 기뻐한 자의 공덕을 설함	
제19법사공덕품	법사가 얻는 공덕을 설함(육근의 청정)	
제20상불경보살품	상불경보살의 예화를 통해 법사의 실천을 총괄하여 설함	
제21여래신력품	붓다가 열 가지 신기한 능력을 보이고서 종지용출 보살에게 경전을 위촉하며 법사의 실천을 권면	
제22촉루품	법화회상의 모든 보살에게 경전을 거듭 위촉하며 일체 중생을 이롭게 하기를 권함	일불승의 실천 (보살행)
제23약왕보살본사품	약왕보살의 보살행을 밝힘	
제24묘음보살품	묘음보살의 보살행을 밝힘	
제25관세음보살보문품	관세음보살의 보살행을 밝힘	
제26다라니품	법사를 보호하는 다라니를 설함	
제27묘장엄왕본사품	묘장엄왕이 두 아들에 의해 불법에 인도되는 내용을 설함	
제28보현보살권발품	보현보살이 법화의 수행자를 보호하여 이 경전이 단절되지 않게 하리라는 서원을 세움	

『법화경』 전 28품의 전개 및 중요 내용

『법화경』과 삼보

앞의 표에서 「제15종지용출품」은 땅속에서 솟아오른 보살들에 관해 설하고 있어 '종지용출품(從地涌出品)'이라 불립니다. 이 종지용출의 보살들은 「제16여래수량품」에서 붓다의 본모습을 밝히기 직전에 등장합니다. 그런데 이 보살들에 대해서는 일불승의 가르침, 일불승의 결과, 일불승의 실천이라는 세 가지 대의 중에 어디에 속하는지가 분명하지 않습니다. 가장 가까운 것은 일불승의 실천이지만, 경전을 보면 그 보살들은 대승의 성자로 묘사됩니다. 일불승의 실천자이자 성자인 것입니다. 경전에서 이 보살들을 성자로 묘사한 것은 어떤 의도가 있다고 생각합니다. 그리고 그 의도는 불교의 삼보 중에서 승보(僧寶)를 나타내는 것으로 이해됩니다.

　　그와 같이 보면 『법화경』은 삼보를 갖추고 있다고 보는 것이 가능해집니다. 「방편품」을 중심으로 설해진 일불승이 법보(法寶)이고, 「여래수량품」의 붓다가 불보(佛寶)이며, 「종지용출품」의 보살들이 승보에 해당합니다. 그리고 붓다가 보편적인 진리인 『법화경』을 종지용출의 보살에게 먼저 위촉하고 다시 한번 전체 보살들에게 위촉하는 것은 삼보의 영원함을 나타내기 위함이라고 할 수 있습니다. 이것은 대승의 『대반열반경』에서 "여래에 대해 상주(常住)하며 변함이 없고, 정법이 단절되지 않으며(不斷), 승보가 소멸하지 않는다(不滅)는 마음을 내어야 한다."라고 말하는 뜻과 통하는 내용입니다.

『법화경』은 어떤 배경에서 출현했을까

이상으로 『법화경』의 전개를 살펴보았습니다. 그렇다면 이 『법화경』은 어떤 역사적·문화적 배경에서 출현하여 위와 같은 사상을 주창한 것일까요? 그것을 한마디로 요약하면 평등이라 할 수 있습니다.

초기불교의 평등사상

앞에서 언급했듯이 인류가 평등의 정신에 눈을 뜬 것은 인류의 역사에서 비교적 최근의 일입니다. 그런데 붓다는 약 2,500여 년 전에 평등사상을 외쳤습니다. 이는 굉장히 놀라운 일이 아닐 수 없습니다.

붓다가 활동하던 당시의 인도는 계급을 중시하는 사회 제도가 확립되어 있었습니다. 철저한 신분 사회였던 것이지요. 이러한 사회 속에서 한 인간의 가치는 출생에 의해 정해집니다. 이러한 문화적인 환경 속에서 붓다는 이렇게 말했다고 합니다.

"출생에 의해 천한 사람이 되는 것이 아니며, 출생에 의해 브라만이 되는 것도 아니다. 사람은 오직 그의 행위에 의해서 천한 사람도 되고 브라만도 되는 것이다."

현존하는 불교 경전 중에서 가장 오래된 것으로 이야기되는 『숫따니빠따』의 한 구절입니다. 여기서 말하는 '출생'이란 브라만(사제 계급)·크샤트리아(왕족·무사 계급)·바이샤(평민)·수드라(노예)와 같은 사성(四姓)의 계급 제도를 의미합니다.

위의 인용은 언뜻 보기에는 사성 제도를 인정하는 것처럼 생각되지만, 사실은 계급 제도를 부정하는 혁명적인 발언입니다. 왜냐하면 사람의 가치가 '출생'이 아니라 오로지 '행위'에 따라 결정된다고 주장하고 있기 때문입니다. 실제로 붓다는 계급에 상관없이 누구에게든지 출가를 허용했습니다. 불교 교단은 사성 평등의 세계였습니다.

더욱 주목할 것은 붓다가 여성의 출가를 허용했다는 점입니다. 오늘날 세계의 여러 종교 중에서도 여성 성직

자를 인정하는 경우는 무척 드물다는 것을 생각해 볼 때, 당시 여성의 출가를 인정했다는 것이 얼마나 혁신적인 일인지 짐작해 볼 수 있습니다. 여성 출가자 중에서는 지혜제일(智慧第一), 설법제일(說法第一)로 불리는 인물들도 있었고, 초기불교 최고 성자인 아라한(阿羅漢)에 이른 사람들도 있었다고 전해집니다.

또한 붓다는 출가자뿐 아니라 재가자에게도 그 능력과 교단 내에서의 역할을 인정했습니다. 남성 재가자 중에서 질다라(質多羅)는 특히 설법이 매우 뛰어난 것으로 유명합니다. 붓다가 설법제일이라고 칭찬한 그는 많은 사람을 불교로 인도하였고, 스님들과 토론하면서 잘못된 견해를 바로 잡아주었다고도 전해집니다(그는『유마경』이라는 대승 경전의 롤 모델이라고도 이야기됩니다). 여성 재가자 중에도 선정제일(禪定第一), 자심제일(慈心第一), 다문제일(多聞第一)로 불리는 인물들의 이야기가 초기 경전에 전해집니다.

이처럼 초기불교의 평등 정신은 그 범위가 대단히 넓습니다. 붓다는 당시 만연하던 카스트 제도를 거스르며 모든 계급의 출가를 허용했고, 또한 여성의 출가를 허용함은 물론 재가자의 역할까지도 인정했습니다. 이것은 한

마디로 모든 인간은 평등하다는 사상의 본보기입니다.

이러한 사실은 불교가 그 출발점에서부터 인간의 평등을 지향했음을 보여 줍니다. 불교는 매우 오랜 역사를 지니고 있지만, 그 사상은 결코 낡은 것이 아닙니다. 어떤 면에서 불교의 평등사상은 오늘날 우리의 인식을 넘어서는 메시지를 지니고 있습니다.

붓다는 어떻게 그 옛날에 이러한 평등사상을 주창한 것일까요? 그것은 아마도 그가 깨달은 진리인 연기와 관련이 있다고 생각합니다. 연기법은 모든 것이 의존하여 발생하기 때문에 그 무엇도 실체로서는 존재하지 않는다는 것인데, 이러한 진리의 각성이 인간의 가치도 출생과 같은 선천적인 조건에 의해 결정되는 것이 아니라고 하는 평등의 정신으로 이어진 것이 아닐까 생각해 볼 수 있습니다.

부파불교 – 평등 정신의 혼미

불교 교단이 분열된 것은 붓다가 열반에 들고 약 100년 후의 일이라고 전해집니다. 출가자들이 계율을 둘러싸고 의견을 서로 달리하여 교단이 보수적인 성향의 상좌부(上

座部)와 진보적인 성향의 대중부(大衆部)로 나뉘는 사건이 발생한 것입니다. 그리고 한 번 교단에 균열이 발생하자 분열이 가속화되어, 나중에는 여러 가지 이유로 교단이 18개에서 25~26개로 갈라지게 되었다고 합니다. 이 시기의 불교를 '부파불교'라고 부릅니다.

부파불교 시기에는 왕실이나 귀족의 후원을 받으며 안정적인 환경 속에서 붓다의 가르침에 대한 심도 있는 연구가 이루어졌습니다. 붓다가 다양한 상황 속에서 설한 법문들을 정리하고 체계화시킨 것입니다. 따라서 이 시기에는 불교가 학문적으로 크게 발전했습니다. 이것은 부파불교의 공적이라 할 수 있습니다. 나중에 등장한 대승불교가 부파불교의 성과에 일정 부분을 의존하고 있는 것도 사실입니다.

그런데 부파불교 시대의 주역은 남성 출가자입니다. 역사 속에서 여러 차례 거행된 결집이라는 종교 회의를 주도한 것은 언제나 남성 출가자였습니다. 남성 출가자를 '비구(比丘)'라 하는데, 이 시기의 불법 연구는 비구들의 전문 영역이었으며, 여성 출가자들의 활동에 대해서는 거의 알려진 것이 없습니다. 더욱이 부파불교의 철학은 매우 난해하여 재가자들에게는 무관한 세계의 것이었습니다. 이 시기에 재가자의 역할은 스님들에게 공양을 올리고 그 공덕으로 좋은 곳에 환생하기를 바라는 것에 그쳤습니다. 불교가 남성 출가자만의 리그가 된 것입니다.

사원의 담장 밖에서 벌어지는 세상의 번잡한 일들은 이 시기 불교의 주된 관심사가 아니었던 것으로 보입니다. 그렇게 불교가 고도로 전문화될수록 민중의 고통은 더욱 외면되었습니다. 어쩌면 붓다가 말하고 몸소 실천했던 정신, '많은 사람의 이익과 안락과 행복을 위하여 길을 떠나라'라는 전도의 선언도 어느덧 기억 속에 희미해졌는지 모릅니다. 무엇보다 불교의 진리에 대한 이해와 탐구가 출가자의 전유물이 되어, 붓다가 밝힌 평등의 햇불은 점차 그 빛을 잃어 가고 있었습니다.

대승불교는 이러한 배경에서 출현하였다고 말해집니다. 즉 한편으로는 부파불교의 공적을 비판적으로 계승하면서, 다른 한편으로는 부파불교의 문제점을 극복하고 붓다 가르침의 본질로 회귀하자는 사상운동이 대승불교입니다.

대승불교 – 평등성의 회복

대승(大乘)은 '큰 탈것'이라는 뜻입니다. 대승불교도는 기존의 부파불교를 비난하며 '소승(小乘)'이라고 불렀습니다. 비유하자면 강을 건널 때 소승불교는 혼자서 타고 가는 작은 배와 같으며, 대승은 많은 사람이 함께 타는 크루즈와 같다고 할 수 있습니다. 이처럼 대승이라는 말에는 많은 사람이 함께 생사(生死)의 고해(苦海)를 건너간다는 뜻이 담겨 있습니다.

대승불교는 소승불교의 성자인 아라한이 자신의 구원만을 추구한다고 비판하면서, 새로운 수행의 이상형을 제시했습니다. 그것이 바로 '보살'입니다.

보살이라는 말은 오늘날 여성 신도를 지칭할 정도로 일상어가 되었는데, 원래 이 용어는 석가모니 붓다의 전생에서 유래되었습니다. 붓다는 과거에 아주 많은 생을 거듭하면서 수행을 해 왔고, 그러던 가운데 연등불(燃燈佛)이라는 붓다를 만나 미래에 석가모니라는 이름의 붓다가 될 것이라는 수기를 받았다고 전해집니다. 수기를 받는다는 것은 깨달음이 확정되었음을 뜻합니다. 이 수기라는 사건을 기점으로 수행자는 보살이 된 것입니다. 즉 보살이란 깨달음이 확정된 중생이라는 뜻이며, 이것이 보살의 유래입니다. 이후 보살은 보시(布施, 베풂)·지계(持戒, 계율을 지킴)·인욕(忍辱, 참고 견딤)·정진(精進, 노력)·선정(禪定, 명상)·반야(般若, 지혜)의 육바라밀(六波羅密, 바라밀은 완성의 의미)을 수행하여 지금의 석가불이 되었다고 전해집니다.

대승의 사상가들은 바로 이 보살이라는 용어에 주목했습니다. 그들은 석가모니 붓다가 걸었던 보살의 길을 따라가 자신들도 무수한 중생을 구제하는 붓다가 되겠다고 다짐했습니다. 이러한 보살의 이상을 '상구보리 하화중생(上求菩提 下化衆生)'이라고 표현합니다. 위로는 붓다와 동등한 깨달음을 추구하고 나아가 세상 속에서 널리 중생을 교화하여 이롭게 한다는 뜻입니다. 대승불교를 한마디로 정의한다면 바로 보살의 불교라 할 수 있습니다.

그런데 보살의 길을 걸어 붓다가 된다는 아이디어는 초기불교나 부파불교에서는 거의 생각하기 어려웠습니다. 상좌부와 같이 보수적인 부파에서 보살은 석가모니 붓다가 성불하기 이전의 생을 가리키는 말이었으며, 따라서 보살은 단 한 명뿐이라고 생각했습니다. 보살은 단지 붓다의 전생 이야기에 지나지 않았던 것입니다. 그런데 대승은 보살의 이념을 전면에 내걸었으니, 참으로 대담한 발상의 전환이라 할 수 있습니다.

여기서 중요한 역할을 한 것이 최초기의 대승 경전으로 간주되는 반야경 계열의 경전입니다. 반야는 본질을 꿰뚫어 보는 지혜를 말하는데, 반야경에서 말하는 지혜는 일체법의 공(空)입니다. 공이란 비어 있다는 뜻으로 어떤 것도 고정적인 실체가 없다는 것을 말합니다. 고정적인 실체가 없다는 것은 아무것도 존재하지 않는다는 뜻이 아니라, 모든 가능성이 열려 있다는 뜻이기도 합니다. 모든 존재가 무한한 가능성을 지니고 있다고 말할 수 있습니다. 그렇다면 평범한 범부에 지나지 않는 중생도 붓다가 될 수 있습니다. 이것은 평등성의 자각입니다.

대승불교가 보살의 이념을 어떻게 받아들였는지에 대해서는 고려의 여지가 남아 있지만, 이것이 보편적인 이념으로 확장된 데에는 반야경의 공 사상이 중요한 역할을 했을 것으로 생각됩니다. 이 점에서 반야경은 대승불교의 본격적인 신호탄이라 할 수 있습니다.

대승불교는 이처럼 공의 지혜를 기반으로 한 평등성의 자각을 통해 보살의 이념을 기치로 내걸게 되었다고 생각됩니다. 사실 이것은 매우 혁신적인 사상입니다. 평범한 신도가 한 종교의 개조와 동일한 지위에 이를 수 있다는 선언은 다른 종교에서는 쉽게 찾아보기 어렵기 때문입니다.

또한 보살의 이념은 이론의 탐구에 몰두하며 논쟁을 일삼던 부파불교와 달리 육바라밀의 실천을 중시합니다. 여기에는 '보다 많은 중생의 이익과 안락과 행복을 위하여'라는 붓다의 실천적 정신이 담겨 있습니다. 이로써 붓다 가르침의 본질로 회귀하자는 대승의 목표는 어느 정도 이루어졌다고 볼 수 있습니다.

평등의 거대한 여백

그러나 대승불교의 등장으로 평등의 정신이 완성된 것은 아닙니다. 한 가지 아주 큰 문제가 남아 있었습니다. 초기 대승 경전에서 보이는 소승불교와의 갈등이 그것입니다.

대승 경전에서는 붓다의 제자들의 유형을 성문(聲聞)·연각(緣覺)·보살(菩薩)의 세 종류로 분류합니다. 이 중에서 성문은 붓다의 음성을 듣고 수행하는 자이며, 연각은 '독각(獨覺)'이라고도 하는데 홀로 수행하면서 스스로 열

두 가지 항목으로 구성된 연기법(십이연기)의 깨달음을 추구하는 부류를 말합니다. 개인의 해탈을 추구한다고 하여 대승 경전에서는 이 두 유형을 소승으로 불렀습니다.

초기 대승 경전에서는 기존의 불교를 소승이라 비하하며 보살의 우위를 강조합니다. 사실 보살의 길을 걷는다는 것은 대단히 어려운 일이기 때문에, 보살을 높이 평가하는 것도 충분히 수긍할 수 있습니다. 공의 통찰을 통해 성불의 문은 활짝 열렸지만, 실제로 보살의 길을 걷는다는 것은 수많은 생을 거듭하면서 깨달음과 중생을 위해 자신을 희생하고 헌신해야 하니 보통 각오로는 갈 수 없는 길입니다. 그런 의미에서 초기 대승 경전의 보살은 영웅적인 인물로 생각됩니다. 그러나 보살의 영웅적인 면모가 부각될수록 개인의 구제를 우선시하는 기존의 불교와는 갈등이 깊어지는 상황이 연출되었을 것입니다.

특히 문제가 되는 것은 대승 경전에서 소승불교도의 성불을 인정하지 않는 부분입니다. 초기의 대승 경전인 『유마경』에서는 이 점을 분명히 하고 있는데, 아라한이 된 성문은 더 이상 성불의 가능성이 없다고 단정하였습니다. 소승불교의 수행을 완성하면 붓다가 될 수 없다는 것입니다(아라한을 성불의 씨앗이 불타 버린 상태라 하여 패종(敗種)이라 불렀습니다). 이것은 수행의 목표가 다르면 수행의 과보도 다르다는 사고입니다. 예를 들어 대전으로 가려는 생각으로 '대전행' 버스를 탔다면 도착지는 대전이지 서울일 수는 없다는 것입니다.

대승불교의 출현으로 붓다가 설파한 평등의 정신은 어느 정도 회복되었지만 아직 완전한 것은 아니었습니다. 불교가 소승과 대승으로 분열되어 서로 첨예하게 대치하고 있었던 것입니다. 사실 소승과 대승이라는 명칭 자체가 대립적인 구도를 나타내고 있습니다. 『법화경』은 이러한 상황에서 등장한 것으로 생각됩니다.

『법화경』의 문제의식은 무엇일까

일불승의 사상

소승불교와 대승불교가 첨예하게 대립하는 상황에서 『법화경』은 새로운 이상을 제시하였습니다. 바로 일불승의 입장입니다. 일불승이란 승(乘)은 오직 붓다의 승 하나뿐이라는 의미입니다.

승과 지

그렇다면 일불승에서 '승'이란 어떤 뜻일까요? 한문으로 보면 승(乘)에는 '타다'라는 뜻도 있지만, 여기서는 탈것, 즉 이동 수단을 의미합니다. 여기에는 가르침을 따라 수행하여 목적지에 도달한다는 의미가 담겨 있습니다. 일종의 비유적 표현입니다. 그러나 승의 또 다른 중요한 의미는 지혜입니다. 산스크리트어본 『법화경』을 보면 그것이 분명해집니다.

승의 원어는 '야나(yāna)'입니다. 그런데 산스크리트어본을 보면 승을 의미하는 '야나'가 지식/지혜를 의미하는 '즈냐나(jñāna)'와 교차되는 형태로 자주 나타납니다. 즉 승은 지(知)를 말합니다. 그렇다면 일불승은 '유일한 붓다의 지혜'라는 뜻이 됩니다. 따라서 붓다가 오로지 일불승으로 교화한다는 말은 붓다가 '중생들에게 오직 붓다의 지혜(佛知見)를 얻도록 가르칠 뿐'이라는 뜻이 됩니다. 간단히 말하면 붓다는 모든 중생을 오직 붓다가 되도록 가르친다는 것이 일불승, 즉 일승입니다.

『법화경』 – 평등사상의 완성

삼승(三乘)은 위에서 말한 제자의 유형인 성문·연각·보살에 승을 붙인 것입니다. 성문승·연각승·보살승이 바로 삼승입니다. 이중 성문승과 연각승에 속하는 제자들은 자신의 해탈을 추구하기 때문에 대승불교에서는 소승이라 불렀습니다. 대승은 이러한 풍조를 바꾸어 붓다 가르침의 본의를 회복하려 하였으나, 양자의 대립과 갈등의 골은 깊어져 갈 뿐이었습니다.

이러한 상황에서 『법화경』은 붓다가 중생을 교화하는 진정한 목적을 밝혔습니다. 그것이 일불승입니다. 일불승은 결국 붓다의 가르침은 다양하나 결국 그 목적은 하나임을 의미합니다. 모두를 붓다가 되게 한다는 것이지요. 따라서 붓다의 많은 가르침이 전부 이 하나의 목적으로 귀결된다는 것이 『법화경』의 입장입니다. 그 뜻을 「제5 약초유품」에서는 다음과 같이 말합니다(아래 인용문은 산스크리트어본을 참고하여 번역한 것입니다).

> "내 이제 그대들을 위해 최상의 진실을 설하니 모든 성문은 열반을 얻은 것이 아니니라. 너희가 행하는 바는 바로 보살도이니 점차로 닦고 배우면 모두 성불하리라."

위의 경문은 표면적으로는 소승의 목표를 향해 수행하는 사람들도 사실은 보살의 길을 걷고 있다고 말하고 있습니다. 불교 사상사 속에서 『법화경』 출현의 의의를 아주 간단히 말하면 성문도 붓다가 될 수 있다는 것입니다(이를 전통적인 용어로는 '회삼귀일(會三歸一)'이라고 합니다. '삼승을 모아 일승으로 돌이킨다'라는 뜻입니다). 더 이상 소승과 대승이 다툴 필요가 없습니다. 모두 붓다가 걸어간 옛길을 걷고 있기 때문입니다.

이로써 평등의 여백이 완성되었습니다. 여기에는 매우 중요한 의의가 있습니다. 초기불교의 평등사상은 사람은 누구나 인간으로서 평등하다는 입장입니다. 이에 비해 『법화경』은 모든 중생이 붓다로서 평등하다는 것을 천명하고 있습니다. 누구든 붓다와 동등한 지위에 이를 수 있다는 것이 『법화경』의 평등사상입니다. 이것은 평등의 기준과 가치가 불교에서 제시할 수 있는 최상의 지점까지 고양된 것입니다.

『법화경』의 일승 사상은 소승과 대승의 갈등과 대립을 해소하고, 다툼으로 인한 불교도의 상처를 어루만지며, 기존의 모든 불교를 포용하여 조화와 공존의 길을 열었습니다. 비록 다양한 형태의 불교가 존재하지만, 불교도는 모두가 붓다의 자녀이며 불교는 모두 한 가족이라는 단순하면서도 중요한 사실을 일깨워 줍니다. 이러한 『법화경』의 가르침은 다툼과 분쟁의 치열한 불꽃을 끄는 단비와 같습니다.

모든 물이 바다로 모이듯이

온갖 크고 작은 물줄기는 큰 강을 이루고 마침내 바다로 모입니다. 그리고 바다로 모여든 강들은 더 이상 과거의 이름으로 불리지 않고 그냥 바다라고 불립니다. 우리는 바다를 태평양·인도양·대서양과 같이 구분하지만, 사실 바다는 하나입니다.

붓다의 모든 가르침을 포용하고 조화시키는 『법화경』은 바다와 같습니다. 경전에서는 『법화경』의 특징을 "모든 물 중에서 바다가 제일이듯이, 『법화경』은 모든 여래가 설한 경전 중에서 가장 깊고 광대하다"라고 말합니다. 여기서 물과 바다는 대립하는 것이 아닙니다. 모든 물이 바다로 모여든다는 것을 위와 같이 표현한 것입니다. 이 점을 인도의 불교 사상가인 라훌라바드라(Rāhulabhadra)는 다음과 같이 노래했습니다.

> "벽지불들과 성문들의 승(乘) 그것은 모두 당신(『법화경』) 안에 포용됩니다.
> 마치 거대한 강물들이 대해(大海)에 포용되는 것과 같이." (라훌라바드라, 『법화경찬탄』)

라훌라바드라는 인도 대승불교의 양대 철학 중 하나인 중관학파(中觀學派)의 제3조라 불립니다. 그는 강들이 서로 다른 방향으로 흘러가지만 결국 바다로 모이듯이 성문과 연각의 길도 결국은 다 붓다의 길로 이어진다고 말하고 있습니다.

붓다가 밝힌 평등의 횃불

이제 불교의 평등사상을 정리해 보도록 하겠습니다.

초기불교에서는 신분과 계급에 상관없이 누구라도 출가하여 성자가 될 수 있음을 천명하였습니다. 또한 초기 불전에서는 여성의 출가와 득도(得道)를 인정하였고, 재가자에게도 수행과 깨달음에 관해 차별을 두지 않았습니다. 사성의 평등(四姓平等)이며, 사부대중(四部大衆)의 평등입니다. 이처럼 붓다는 약 2,500여 년 전에 인간 평등의 횃불을 들어 올렸습니다.

부파불교 시대는 남성 출가자 중심의 불교였습니다. 어떤 의미에서 이 시기는 붓다가 설파한 평등 정신이 퇴색된 시기라 할 수 있습니다.

초기 대승불교는 기존의 불교를 비판하면서 새로운

길을 제시했습니다. 보살의 불교가 그것입니다. 중생이 붓다가 될 수 있다는 보살의 이념은 평등의 차원을 매우 높은 곳까지 끌어올렸습니다. 이로써 한때 희미해졌던 평등의 불꽃이 다시 크게 빛을 발하였습니다. 그러나 아직 장벽이 남아 있었습니다. 위로는 제한이 없지만, 옆으로는 한계가 있었지요. 소승의 성자인 아라한은 성불할 수 없다고 보았던 것입니다. 이것은 대승과 기존 불교와의 대립을 나타냅니다. 수행의 목표가 다르면 결과도 다르다는 사고를 반영하는 것이기도 합니다.

『법화경』의 일불승 사상은 모든 중생이 다 붓다가 될 수 있다고 선언합니다. 소승의 불교도는 물론이고, 나아가 동물이자 여성인 용왕의 딸도 성불할 수 있으며, 악인도 성불할 수 있다고 말합니다. 말 그대로 누구라도 붓다가 될 수 있다는 것입니다. 이러한 일불승의 평등은 대상에 차별이 없으며, 목표에도 차별이 없는 평등입니다. 이로써 붓다가 높이 든 평등의 횃불은 비로소 모든 곳을 두루 비추게 되었습니다. 이 점에서 『법화경』은 큰 수레, 큰 가르침을 의미하는 대승을 진정한 의미에서 완성시켰다고 할 수 있습니다.

3

『법화경』이
말하고자 하는 것은
무엇일까

이상의 배경지식을 바탕으로 이제 『법화경』의 내용을 알아보기로 하겠습니다. 여기서는 몇 가지의 주제를 중심으로 그 내용을 소개하고자 합니다.

붓다가 이 세상에 오신 까닭

교화에 능숙했던 붓다

'아는 것과 가르치는 것은 다르다'라는 말이 있습니다. 아무리 아는 것이 많더라도 타인에게 그것을 전하는 것은 별개의 문제라는 뜻이지요. 교육의 경험이나 교수 방식이 중요한 이유입니다. 그런 의미에서 붓다는 매우 뛰어난 교육자였다고 전해집니다. 붓다의 그러한 면모를 보여 주는 사례를 몇 가지 소개하고자 합니다.

부유한 상인의 며느리였던 키사고타미(Kisāgotamī)라는 여인은 어린 아들을 잃고 주체할 수 없는 슬픔에 빠져 있었습니다. 그리하여 그녀는 죽은 아이를 안고서 온 마을을 돌아다니며 사람들에게 아이를 살려달라고 울며불며 애원했다고 합니다. 어떤 사람이 실성한 지경에 이른 그녀를 불쌍히 여겨, 때마침 붓다가 가까이 와 있으니 그에게 가 보라고 일러 주었습니다. 붓다는 그녀에게 '마을로 가서 아무도 죽은 사람이 없는 집에서 겨자씨를 얻어

오라'고 말합니다. 그 말을 듣고 장사를 지낸 적이 없는 집을 찾아서 돌아다녔지만 그런 집은 한 곳도 없었습니다. 그러던 가운데 그녀는 문득 무상(無常)은 신조차도 피할 수 없는 이치임을 깨닫게 되었고, 이후 출가하여 마침내 성자가 되었다고 전해집니다.

붓다는 그녀에게 구구절절 많은 말을 하지 않았습니다. 단지 그 상황에 맞는 한마디 말을 했을 뿐입니다. 그 말로 인해 그녀는 큰 깨우침을 얻고, 아이를 잃은 상실감은 깨달음을 향한 간절한 구도심으로 바뀌었습니다.

출라판타카(Cūḷapanthaka)라는 제자는 머리가 매우 좋지 않았던 모양입니다. 무슨 이야기를 해도 뒤돌아서면 잊어버릴 정도로 머리가 나빠서, 오죽하면 주위에서 그럴 바에는 차라리 속가로 돌아가라고 구박을 했다지요. 서러움에 울고 있던 그에게 붓다는 아무것도 외울 필요가 없다며 오로지 천 조각으로 신발을 닦는 일만 열심히 하라고 이야기해 주었다고 합니다. 붓다의 가르침을 우직하게 실천한 그는 마침내 아라한이 되었다고 전해집니다.

출라판타카와 같은 제자를 가르치는 일은 쉽지 않을 것입니다. 그러나 붓다는 제자의 능력을 탓하지 않았습니다. 오히려 그의 수준에 맞는 가르침을 주어서 결국 다른 제자들과 똑같은 목표에 이르도록 하였습니다.

캇사파(Kassapa) 삼 형제는 불을 섬기며 대규모의 수행자 집단을 이끈 지도자였습니다. 붓다는 독룡을 제압하는 등 여러 차례에 걸쳐 신통력을 보여 이들을 마침내 굴복시켰고, 이를 계기로 1,000여 명이 붓다에게 귀의하였습니다. 이들의 집단 출가는 초기불교의 교세를 비약적으로 발전시킨 대사건이라고 이야기됩니다.

캇사파 형제와 같이 많은 수행자를 거느린 인물이라면, 능숙한 언변과 일정 수준의 카리스마를 갖추고 있었으리라 생각됩니다. 그런 상황에서는 유창한 설법보다는 오히려 신통력을 나타내 경외심을 갖게 하는 것이 더욱 큰 효과를 발휘할 수 있었을 것입니다. 때로는 하나의 행동이 백 마디 말보다 더 큰 효과를 거두는 경우가 있는 법이지요.

초기 불전에 나오는 이 이야기들은 붓다가 자신의 가르침을 전하는 데에 매우 뛰어났음을 잘 보여 줍니다. 붓다는 가르침을 천편일률적으로 전하기보다는 가르침을 듣는 이의 상황, 수준, 성향 등을 고려하여 가장 적합한 방식을 채택했던 것입니다. 이처럼 붓다는 방편을 잘 활용했던 탁월한 교육가였습니다.

붓다가 방편을 유연하게 사용했다는 것은 교화나 포교뿐 아니라 불교의 다양한 수행법에서도 확인됩니다. 붓다는 초전법륜에서 열반을 얻는 수행으로 팔정도(八正道)를 가르쳤지만, 차츰 여러 수행 방법이 추가되어 삼십칠조도품(三十七助道品, 팔정도를 포함하여 깨달음에 이르는 다양한 서른일곱 가지 수행법)이 형성되었습니다.

방편을 능숙하게 사용한 것은 붓다가 재세 시에 성공적인 교화를 거두었던 요인 중 하나로 생각됩니다. 이러한 유연성은 불교의 특징이기도 합니다. 『법화경』은 바로 이 방편의 이야기로 시작됩니다.

방편과 진실

「제1서품」에서 붓다가 깊은 명상에 잠기시자, 광명이 비추고 꽃비가 내리는 등 상서로운 일들이 벌어집니다. 대중들은 그 광경을 놀라움으로 바라보면서 이제 곧 위대한 법문이 설해질 것이라고 기대합니다. 이어서 「제2방편품」에서 마침내 붓다는 깊은 명상에서 고요히 나와 그의 제자 사리불에게 차분한 음성으로 다음과 같이 말합니다.

"모든 부처님의 지혜는 매우 심오하고 한량이 없으며, 그 지혜의 문은 이해하기도 어렵고 또 들어가기도 어려우니, 일체의 성문이나 벽지불은 알 수 없느니라."

「서품」에서 붓다는 명상에 머물러 있을 뿐, 아무런 말씀이 없었기 때문에, 위의 경문은 실질적으로 『법화경』 설법의 첫 번째 구절입니다. 위 구절에서 붓다는 모든 붓다의 지혜를 찬탄하면서 제자들은 이를 알 수 없다고 말합니다. 여기에는 다음과 같은 세 가지 중요한 의미가 있습니다.

첫째, 사리불과 같이 아라한에 이른 제자들조차도 붓다의 지혜에는 미치지 못한다는 것
둘째, 따라서 붓다와 제자들 사이에는 지혜에 관하여 명백한 차이가 있다는 것
셋째, 이제 그 붓다의 지혜를 밝히겠다는 암시입니다.

이어서 경전은 다음과 같이 말합니다.

"사리불아, 내가 성불한 뒤로 가지가지 인연과 가지가지 비유로 널리 가르침을 폈으며, 무수한 방편으로 중생들을 인도하여 모든 집착을 여의도록 하였으니, 왜냐하면 그것은 여래가 방편바라밀과 지견바라밀을 이미 다 갖추고 있기 때문이니라."

붓다의 지혜는 심오하여 제자들은 그것을 알지 못합니다. 한편 붓다에게는 다양한 방편을 능숙하게 사용하는 능력이 있어 그 방편을 통해 중생들을 교화해 왔습니다. 이처럼 「방편품」의 첫 부분에는 붓다의 지혜와 그것을 드러내는 방편이 제시되어 있습니다. 이것이 전반부의 중요한 주제입니다.

여기서 방편이란 산스크리트어 '우빠야(upāya)'를 번역한 것입니다. 우리는 보통 방편이라는 말을 생계의 방편, 임시방편 등과 같이 주로 수단의 의미로 사용하지만, '우빠야'는 목표를 달성하기 위한 수단이라는 뜻과 더불어, 목적지에 도달하기 위한 과정의 의미가 있습니다.

방편을 단순히 수단으로만 보는 것이 아니라 과정으로 보는 것이 중요합니다. 방편을 목적 달성을 위한 수단으로만 보면, 그것은 목적을 달성하면 버려야 하는 것이고, 그러면 삶이 꽤 삭막하게 느껴집니다. 그러나 방편을 과정이라고 보면, 현재의 나는 내가 살아온 과정의 연속이며, 따라서 하루하루가 소중한 시간이 아닐 수 없습니다. 『법화경』에서 말하는 방편은 두 가지 의미가 다 있지만, 수단의 의미 못지않게 과정 역시 소중하다고 말하는 것이 그 특징이라 할 수 있습니다.

이어서 경전은 붓다의 경지를 "오직 붓다들만이 제법실상을 알 수 있다"라는 표현으로 설명합니다. 제법실상에 대해서는 앞에서 설명했는데, 모든 현상은 의존하여 발생하는 고유의 연기적 과정과 궁극적으로 평등한 측면을 동시에 모두 갖추고 있음을 말합니다. 제법이 그대로 진리의 현현이며, 붓다만이 이 모든 것을 치우침 없이 있는 그대로 알 수 있다는 것입니다.

경전에서 이처럼 붓다의 지혜를 거듭하여 찬탄하자, 사리불은 세 번에 걸쳐 붓다에게 설법을 청하였고, 마침내 붓다는 간청을 수락합니다. 그러나 5,000여 명의 대중은 설법을 거부하고 자리를 떠납니다. 붓다는 이들을 '얻지 못한 것을 얻었다'고 생각하는 증상만(增上慢)의 무리라고 말하며 만류하지 않습니다.

증상만은 교만하다는 뜻입니다. 교만은 마음 그릇이 가득 찬 상태입니다. 가득 차면 더 이상 아무것도 담을 수 없습니다. 증상만은 누구라도 빠질 수 있습니다. 지식은 쌓아 가고 마음은 비워 가는 것이 중요하다고 생각합니다. 인도의 세친은 『법화경』의 주석서 『법화경론』에서 특히 증상만을 주의하라고 거듭 강조합니다. 큰 지혜를 얻고, 큰 성과를 이루기 위해서는 마음을 비우는 것이 중요하다고 『법화경』은 말하고 있습니다.

붓다가 이 세상에 오신 까닭

이어서 붓다는 자신을 포함한 모든 붓다가 세상에 출현하는 이유를 밝힙니다. 붓다가 이 세상에 오는 이유는 단 하나입니다. 이를 '일대사인연(一大事因緣)'이라고 합니다. 그 단 하나의 이유를 경전에서는 다음과 같이 설명합니다.

모든 부처들은 오로지 중생들에게 불지견(佛知見)을

열어서 보이시고, 깨닫게 하시고, 그것에 들어가게 하기 위하여 세상에 출현합니다. 이를 불지견의 '개시오입(開示悟入)'이라고 합니다. 불지견은 '붓다가 보고 아는 것'이라는 뜻이며, 곧 '붓다의 경지'를 말합니다. 모든 붓다들은 중생에게 붓다의 경지를 깨닫게 하는 한 가지 목적만을 위해 이 세상에 오신다는 것입니다. 그리고 다음의 말씀이 이어집니다.

> "사리불아, 여래는 다만 일불승으로 중생을 위해 설법을 하시니, 그 밖에 2승(乘)이나 3승과 같은 다른 승은 없느니라. 사리불아, 모든 시방세계 모든 부처님들의 법도 역시 그러하니라."

앞에서 설명했듯이 승(乘)은 '가르침'이며, '지혜'를 뜻합니다. 이어지는 부분의 2승이나 3승이라는 표현은 산스크리트어본에 두 번째 승, 세 번째 승으로 되어 있습니다. 그렇게 보면 뜻이 더욱 분명해집니다. 모든 붓다들께서는 중생에게 일불승, 오직 붓다가 되는 가르침만을 설한다는 것입니다. 이것은 과거의 붓다들과 현재 온 우주에 있는 모든 붓다들, 미래의 모든 붓다들, 나아가 일체의 모든 붓다들도 그러하며, 지금의 석가모니 붓다도 마찬가지입니다. 일불승은 모든 붓다들에게 공통되는 보편적인 가르침이라는 것입니다.

그렇다면 일불승 이외에 다른 승은 어떤 의미를 지니는가에 대해서 다음과 같이 말합니다.

"나에게 방편의 힘이 있어 삼승법을 열어 보였으나, 일체의 부처님께서는 모두 일승의 도를 설하시느니라."

삼승은 붓다께서 방편으로 설한 것이며, 교화의 진실은 붓다가 되게 하는 일불승이라는 것입니다. 여기서 삼승이 방편이라면, 삼승의 수행은 버려야 할 것이고, 아무 짝에도 쓸모가 없는 것인가 하는 의문이 생길 수 있습니다. 이 문제에 대해서는 나중에 다시 설명하도록 하겠습니다. 다만 미리 간단히 말씀을 드리자면, 『법화경』에서 방편은 수단의 뜻뿐만 아니라 과정의 의미도 있다는 점을 상기시켜 드리겠습니다. 삼승은 헛된 것이 아니며, 성불을 위한 과정입니다.

이어서 「방편품」의 후반부에서는 어린아이가 놀면서 모래로 불탑을 만든다든지, 불상에 꽃 한 송이를 공양하거나, 불탑에 들어가 산란한 마음으로 '부처님께 귀의합니다(南無佛)'라고 한 번만 불러도 성불했다는 내용이 설해집니다.

이 부분은 작은 선행도 불도로 이어진다는 뜻에서 '소선성불(小善成佛)' 또는 '만선동귀(萬善同歸)'라고 불립니다. 그런데 그 내용을 자세히 살펴보면, 주로 붓다와 불탑, 불상 등과 관련이 있습니다. 이것은 반야경에서 설하는 영웅적인 보살행과는 성격이 다릅니다. 이는 『법화경』이 믿음, 즉 신(信)의 불교를 포용하고 있음을 나타냅니다.

믿음의 불교를 대표하는 불교의 흐름은 정토(淨土) 사상입니다. 정토는 아미타불의 극락정토가 유명한데, 『법화경』은 「제7화성유품」에서 아미타불이 서방의 극락정토에 있다는 점을 분명히 하고 있습니다. 그 밖에도 경전에는 정토의 풍경을 연상시키는 묘사들이 많이 보입니다. 이것은 『법화경』에 실천의 불교뿐 아니라, 믿음의 불교라는 측면이 있음을 보여 줍니다.

방편을 사용한 이유

「방편품」의 후반부에서는 붓다가 방편으로 가르침을 편이유가 설명됩니다. 사람들은 저마다 생각, 성향, 소망, 지은 업, 인지 능력 등이 모두 다릅니다. 더구나 중생들은 욕망의 대상에 집착하여 괴로움을 겪으며 윤회의 수레바퀴를 맴돌고 있습니다. 그런 상황에서 "너희도 나처럼 붓다가 될 수 있다"라고 말해도 믿지 못하고 도리어 의심하여 악업을 짓게 됩니다.

"만일 오직 불승만을 찬탄한다면 괴로움에 빠진 중생, 이 법을 능히 믿지 못하여 법을 깨트리고 불신하는 까닭에 삼악도(三惡道)에 떨어지리니, 내 차라리 법 설하지 않고 속히 열반에 들려다가, 곧 지난 세상 부처님들 행한 방편 생각하여 내가 지금 얻은 도(道) 역시 삼승으로 설하리라 하였다. 이렇게 생각했을 때 시방의 부처님들 모두 나타나시어 나를 위로하여 말씀하셨느니라. 훌륭하십니다. 석가모니 부처님이시여, 으뜸가는 인도자께서는 이 위없는 법 얻으셨건만 모든 부처님 따라 방편의 힘을 쓰려 하십니다."

모든 중생이 붓다와 동등한 깨달음을 얻도록 가르치는 것은 붓다께서 이 세상에 출현하여 교화하는 유일한 이유이자 목적입니다. 또한 모두가 성불할 수 있다는 것은 붓다만이 밝힐 수 있는 지혜의 통찰입니다. 이것이 일불승입니다. 그러나 중생의 성향과 능력 등은 저마다 다르며, 그들의 지혜로는 일불승의 놀라운 사실을 받아들이기도 어렵습니다. 그러니 붓다는 방편으로 중생들을 교화했던 것입니다. 이처럼 방편으로 진실을 편다는 것이 『법화경』의 입장입니다.

모두가 보살

이러한 내용을 「방편품」 게송의 거의 마지막 부분에서는 다음과 같이 요약하여 말하고 있습니다.

"이 몸이 모든 법왕으로서 널리 대중에게 고하노니, 오직 이 일승도로 모든 보살 가르칠 뿐 성문 제자는 없느니라."

붓다의 가르침을 듣는 자 중에 성문 제자는 없습니

다. 모든 제자가 불도를 걷는 보살입니다. 그러므로 「방편품」의 설법은 이 한마디로 요약할 수 있습니다. '모두가 보살'이라는 것입니다.

비유로 밝히는 일불승의 의미

「방편품」의 설법을 통해 사리불은 자신이 성문의 길을 걷고 있지만, 사실은 보살도를 행하고 있음을 깨닫게 됩니다. 일불승을 이해한 것입니다. 이에 붓다께서는 사리불에게 성불의 수기를 내립니다. 수기에 대해서는 다음 파트에서 다루도록 하겠습니다.

이어서 경전에서는 아직 일불승의 의미를 이해하지 못한 다른 대중들을 위해 여러 가지 비유로 그 의미를 거듭 밝힙니다. 인도의 세친은 『법화경론』에서 『법화경』의 대표적인 일곱 비유에 대해 해설하였고, 나중에 동아시아에서는 이를 '법화칠유(法華七喩)'라 부르게 되었습니다.

법화칠유는 불타는 집의 비유, 가난한 아들의 비유, 약초의 비유, 환술로 만든 성의 비유, 옷 속에 달린 보석의 비유, 왕의 상투에 있는 보석의 비유, 의사의 비유입니다. 여기서는 그중에 불타는 집의 비유, 가난한 아들의 비유, 약초의 비유에 대해 알아보겠습니다.

불타는 집의 비유(火宅喻)

불타는 집의 비유는 『법화경』에 나오는 첫 번째 비유입니다. 「제3비유품」에서 붓다는 우리가 사는 세계(윤회의 세계)를 불타는 집에 비유합니다. 비유의 내용은 다음과 같습니다.

비유의 내용 어떤 부유한 가장이 있었습니다. 그는 대저택에 살았는데, 그 집은 크고 넓었지만 낡고 오래되었으며, 밖으로 나가는 문은 하나뿐이었습니다. 어느 날 그 집에 큰불이 났는데, 아이들은 노는 데에 정신이 팔려서 위험이 닥친 줄 몰랐습니다. 아버지가 불이 났다고 알렸지만, 아이들은 그 말을 이해하지 못하고 여전히 놀이에 여념이 없었습니다. 그러자 아버지는 한 가지 묘책을 생각해냈습니다. 아이들이 좋아할 만한 것으로 유인하여 불길을 벗어나게 하려 했던 것입니다.

그리하여 아버지는 집 밖에 '양이 *끄*는 수레, 사슴이 *끄*는 수레, 소가 *끄*는 수레'가 있으니 나가서 마음껏 타고 놀라고 했고, 그의 말에 아이들은 앞다투어 집 밖으로 나왔습니다. 아버지는 아이들이 안전하게 대피한 것을 보고서는 아이들 모두에게 크고 힘이 세며 아름답고 귀한 보물들로 장식된 '흰 소가 끄는 수레(大白牛車)'를 주었습니다. 아이들은 기대했던 것 이상의 보물을 얻은 것입니다.

비유의 풀이 아버지는 붓다를 말합니다. 그가 재산이 많다는 것은 붓다의 지혜와 공덕과 능력이 크다는 뜻입니다. 낡고 오래된 큰 집은 윤회의 세계이며, 그 집에 불이 난 것은 갈애(渴愛, tṛṣṇā) 때문입니다. 갈애는 목마름이라는 뜻인데, 이는 강렬한 애착을 말합니다. 이 갈애는 네 가지 성스러운 진리인 사성제 중에서 두 번째 진리인 괴로움의 원인으로 지목된 것입니다. 붓다는 초기 불전에서 갈애 때문에 중생이 윤회를 떠돌며 괴로움을 받는다고 말씀하셨습니다.

양의 수레, 사슴의 수레, 소의 수레는 각각 성문승, 연각승, 보살승을 말합니다. 이 세 개의 수레로 유인했다는 것은 삼승이 방편임을 뜻합니다. 흰 소가 끄는 수레는 일불승을 말하며, 이것을 실제로 모두에게 공평하게 나누어 주었다는 것은 일불승이 교화의 진실이며, 붓다는 언제나 평등하게 일불승으로 모든 중생을 교화한다는 것을 뜻합니다.

비유의 의미 붓다께서는 방편을 써야 했던 필연성을 설명하고 있습니다. 아무리 훌륭하고 도움이 되는 가르침이라고 해도 상대가 좋아하지 않거나 관심이 없다면 소용이 없을 것입니다. 중생은 저마다 성향과 능력이 같지 않기 때문에, 붓다는 그에 맞추어 다양한 방편으로 교화를 한 것입니다. 방편을 궁리한다는 것은 내가 생각하는 진실을 강요하지 않고 상대를 존중하는 것에서 시작됩니다. 붓다의 방편은 그의 자비의 표현입니다.

이 비유에서 드러나는 또 다른 중요성은 붓다께서 방편을 능숙하게 썼다는 것입니다. 이를 '선교방편(善巧方便)'이라고 합니다. 붓다는 삼승의 수행을 통해 일불승을 얻게 했습니다. 수행이 이어진 것입니다. 예를 들어 누군가가 '우리 서울로 가자'고 하고서, 나중에 사실은 부산이 목적지였다고 말한다면 어떨까요? 서울까지 간 일이 헛수고가 되겠지요. 그러나 붓다는 삼승의 수행이 일불승으로 이어지도록 방편을 썼습니다. 제자의 입장에서 보면 자신이 지금까지 해 왔던 수행이 헛되지 않게 됩니다. 방편이 마침내 진실이 된 것이지요.

이처럼 법화의 가르침을 이해하면 모든 방편이 곧 진실임을 알게 됩니다. 붓다의 가르침 중에서 소중하지 않은 것은 없습니다. 이를 '방편즉진실(方便卽眞實)'이라고 부릅니다. 앞에서 방편에 수단과 과정의 뜻이 있지만, 『법화경』에서는 과정의 뜻이 중요하다고 말씀드렸던 것에는 이러한 맥락이 있습니다.

가난한 아들의 비유(窮子喩)

가난한 아들의 비유는 「제4신해품」에서 설해집니다. 이 비유는 마하가섭 등 4대 성문 제자들이 붓다께서 일불승으로 교화한다는 의미를 깨닫고 자신들의 이해를 밝힌 것입니다. 내용은 다음과 같습니다.

비유의 내용 어떤 사람이 아버지 품을 떠나 타지에서 온갖 고생을 하면서 빈궁한 생활을 했습니다. 그동안 아버지는 아들을 찾아다녔지만 서로 만나지 못한 채 오랜 세월이 흘렀습니다. 그러다 아들은 우연히 대부호의 집에 이르게 되었습니다. 대부호는 그 가난한 사람이 자기의 아들임을 한눈에 알아보고 주위 사람에게 그를 데려오게 했지만, 아들은 대부호의 위엄스러운 모습에 두려움을 느끼며 자신을 붙잡으러 온 줄 알고 그만 기절해 버립니다.

그러자 아버지는 아들을 유인하기 위해 행색이 초라한 사람을 보내 그를 데려와 오물을 청소하는 일을 시켰습니다. 아들은 그 일에 만족하며 20여 년이 흘렀고, 그동안에 아버지와 아들은 서로 신뢰하는 사이가 되었습니다. 이후 아버지는 아들이 큰일도 잘 해낼 수 있을 정도로 마음이 굳건해졌음을 알아보고, 보물 창고를 관리하는 일을 맡깁니다. 그리고 자신의 임종이 가까워지자, 대중에게 그가 자기의 아들임을 밝히고 자신이 소유한 모든 보물을 그에게 물려주겠노라고 선언합니다.

비유의 풀이 아버지는 붓다이고, 가난한 아들은 성문 제자입니다. 가난하다는 것은 지혜와 공덕이 적음을 의미합니다. 아들이 아버지의 집을 떠난 것은 진리에 어두웠기 때문이며(無明), 아버지를 다시 만난 것은 법의 인연(法緣)의 힘입니다. 오물을 치우는 일은 마음을 정화하는 것이며, 그 일에 만족했다는 것은 아직 붓다의 지혜를 얻겠다는 큰 열망이 없는 상태입니다. 보물 창고는 붓다의 지혜(佛知見)이며, 아들에게 관리하게 했다는 것은 제자들의 마음이 붓다의 지혜를 감당할 수 있는 수준까지 성숙했다는 것을 말합니다.

그리고 임종 시에 아들임을 밝힌다는 것은 성문이 사실은 보살이며, 모든 보물을 물려주었다는 것은 일불승을 선언하는 것입니다. 붓다가 베푼 가르침 중에서 최고의 보물은 아마도 우리가 붓다가 될 수 있다는 것이 아닐까 생각합니다. 모두가 보살이라는 것은 결국 모두가 붓다가 된다는 것이지요. 불교도에게 그보다 더 큰 보물은 없을 것입니다. 그래서 이 품에서는 "원래 바라는 마음이 없었는데, 지금 뜻밖에도 법왕(法王)의 큰 보물이 주어졌으니, 불자로서 얻을 것을 모두 얻었습니다"라고 말합니다.

비유의 의미 이 비유의 중점적인 의미는 믿음과 성숙입니다. 이 품의 제목 「신해품(信解品)」에서 그것이 드러납니다. 신해는 믿음(信)과 이해(解)라는 뜻이지만 산스크리트어본을 보면 '아디묵티(adhimukti)'라고 되어 있는데, 여기에는 믿음의 의미와 더불어 무엇인가를 좋아하고 열망한다는 뜻이 있습니다. 믿음이라는 것을 잘 생각해 보면, 무엇을 믿는다는 것은 이론과 논리보다도 정서적인 측면이 강하다는 것을 알 수 있습니다. 예를 들어 절에 가셔야 마음이 편한 분도 계시고, 성당이나 교회에 가는 것을 좋아하는 분도 계시지요. 이처럼 산스크리트어 아디묵티는 믿음이 개인의 성향과 관련되어 있다는 것을 나타냅니다.

제자들의 믿음은 번뇌를 제거하는 것이었고, 그들은 그 일에 만족했습니다. 그들은 붓다의 지혜를 구하는 것에는 열망이 없었습니다. 이것이 경전에서 말하는 신해입니다.

이때 붓다는 제자들이 하열한 것을 좋아한다고 무시하지 않았습니다. 오히려 그들을 존중하고 그에 맞게 방편으로 교화하여 성숙시킵니다. 그리고 마침내 그들의 마음이 붓다의 지혜를 향하도록 인도합니다. 이 비유는 자신들의 믿음이 붓다에 의해 그와 같이 성숙해져 왔음을 제자들의 입을 통해 고백하고 있습니다.

그렇다면 이 비유가 우리에게 주는 의미는 무엇일까요? 아마도 우리의 삶에 어떤 절대적인 목적이 존재하는 것은 아닐 것입니다. 그러나 이 비유의 가르침은 우리가 사람으로 태어나 선(善)을 행하며 보다 성숙한 존재가 되기 위해 노력하는 것은 의미가 있다고 말하는 것으로 보입니다. 그리고 그 성숙의 끝에 붓다가 있다고 저는 생각합니다.

약초의 비유(藥草喩)

마지막으로 약초의 비유에 대해 살펴보도록 하겠습니다. 이 비유는 「제5약초품」에 나옵니다. 제목은 「약초품」이지만 비의 이야기로 시작됩니다. 건기와 우기의 구분이 뚜렷한 인도에서 비는 소중한 자연의 축복입니다. 건기 동안에 메말랐던 대지를 빗줄기가 시원하게 적셔 주는 장면을 떠올리시면 비유가 더 생생하게 느껴지실 것입니다.

비유의 내용 삼천대천세계(대우주)의 대지에는 다양한 이름과 형태와 색깔을 가진 풀과 나무가 있습니다. 이때 커다란 구름이 삼천대천세계를 뒤덮고 일시에 고르게 비를 내리면 식물들은 그 비를 흡수합니다. 그러나 한 땅에서 나서 같은 비에 젖더라도 식물은 그 종류에 따라서 각기 성장하는 것이 다르다는 것이 비유의 내용입니다.

비유의 풀이 삼천대천세계는 붓다의 교화가 미치는 영역을 말합니다. 여기에 큰 구름이 일어나는 것은 붓다가 세상에 출현함을, 비가 내리는 것은 법을 설함을 말합니다. 똑같은 맛의 비가 골고루 내리는 것은 붓다가 모든 이를 차별 없이 일불승으로 교화함을 뜻합니다. 같은 비를 맞고도 식물의 생장에 차이가 보이는 것은 중생들이 붓다의 가르침을 받아들이는 성향과 능력 등이 서로 다르기 때문입니다.

비유의 의미 비는 대상을 가리지 않고 골고루 내립니다. 이 비유의 특색은 여기에 있습니다. 앞의 비유들은 붓다의 제자에 한정하여 이야기된 것인데 반해, 약초의 비유는 붓다가 모든 중생을 교화하여 이익을 얻게 한다는 점을 밝힙니다. 붓다는 누구도 차별하지 않고 모두를 이롭게 한다는 것입니다. 이는 붓다의 위대한 자비입니다. 나아가 붓다 자신이 얻은 지혜를 모든 이들이 얻도록 가르칩니다. 이는 위대한 평등의 실천입니다. 그러나 똑같은 법을 들어도 중생들은 각자 이해하는 것이 다르고, 얻는 이익도 다릅니다. 식물이 그 종류에 따라 다르게 성장하듯이 말입니다. 이 때문에 붓다는 모두를 일불승으로 교화하지만, 현실 세계에는 다양한 중생이 존재하는 것입니다.

약초 비유의 또 다른 특색은 현실 세계의 다양성을 존중한다는 데에 있습니다. 「약초품」에서는 이러한 중생의 다양성에 대해 "중생의 소망을 살펴 그에 응하여 보호한다"라고 말하고 있습니다. 이 점이 우리에게는 중요합니다.

일불승은 평균이 아닙니다. 우리는 저마다 다른 인생의 꽃을 피우고 열매를 맺으며 살고 있습니다. 붓다의 가르침을 따르며 살아가는 방식도 제각기 다릅니다. 붓다는 그런 중생의 다양성을 존중합니다. 이러한 붓다의 태도는 분명 우리에게 시사하는 바가 있다고 생각합니다.

모두가 성불하리라

수기의 뜻

영어 번역본을 보면 수기를 '예언(prophecy)'으로 번역하는
경우가 많습니다. 하지만 그렇게 번역하면 사실 의미가 잘
살아나지 않습니다. 예언은 적중하지 않을 수도 있지요.

수기(授記)란 기(記)를 내린다(授)는 것인데, 여기서
기(記)는 산스크리트어로 '비야까라나(vyākaraṇa)'라고 합
니다. 비야까라나는 어떤 일에 대해 명백하게 밝힌다는
뜻입니다. 따라서 가령 미래의 일에 대해 비야까라나를
한다면, 그것은 미래에 그 일이 반드시 이루어진다는 의
미입니다. 앞으로 어떻게 될지를 확실하게 알려 준다는
뜻에서 기별(記別)에 가깝습니다. 그리고 성불의 수기는
미래에 붓다가 될 것임을 알려 주는 것을 말합니다.

초기 불전에서 성불의 수기는 손에 꼽을 정도로 적습
니다. 유명한 것으로는 앞서 소개한 연등불의 수기가 있
습니다. 석가모니 붓다가 과거 수행자였던 시기에 연등불

로부터 '미래에 석가모니 붓다가 될 것'이라고 수기를 받았습니다. 그리고 석가모니 붓다는 미륵보살에게 먼 미래에 붓다가 될 것이라고 수기했다고 했다고 전해집니다. 초기 불전에서 이처럼 성불 수기가 매우 적은 이유는, 붓다는 무척 특별한 존재였기에 자신들은 붓다가 될 수 있다고 믿지 않았기 때문입니다.

한편 보살의 이념을 내세운 대승불교에서는 자신들도 붓다가 걸어간 길을 따라서 붓다가 행한 수행을 하면 언젠가 성불할 수 있다고 생각했습니다. 그럼에도 불구하고 보살도를 천명한 대승 경전에서조차 성불 수기는 그리 흔한 일은 아니었습니다. 이것은 붓다가 될 가능성은 열려 있지만, 붓다가 되는 것은 결코 쉬운 일이 아님을 보여줍니다.

그런데 『법화경』에서 붓다는 보살도 아닌 성문의 제자들에게 계속해서 성불의 수기를 하고 있습니다. 이것은 무엇을 의미할까요?

수기의 확장 – 모두가 성불하리라

『법화경』에서 붓다는 일불승을 이해한 사리불에게 제일

먼저 수기를 합니다(「제3품」). 이어서 마하가섭을 비롯하여 유명한 제자들이 수기를 받습니다(「제6품」). 그 후에 수천 명의 제자들이 대규모로 성불의 수기를 받게 되고, 붓다는 법회에 참석하지 않은 사람들에게도 수기를 전해 주라고 말합니다(「제8품」~「제9품」). 이 광경을 보고 일부 보살들은 대보살조차도 이처럼 수기를 받지 못했다며 놀라움을 표현합니다.

이어서 「제10법사품」의 첫머리에서 붓다는 다음과 같이 선언합니다. 아래의 번역은 『묘법연화경』을 바탕으로 산스크리트어본을 참조한 것입니다.

㉠ "이와 같은 무리로서 누구든 부처님 앞에서 『법화경』의 한 게송이나 (게송의) 한 구절이라도 듣고서, 단 한 번이라도 마음으로 기뻐하는 이에게는 내가 다 수기하리니, 반드시 위없는 깨달음을 얻을 것이니라."

㉡ "또한 여래가 열반에 든 후에 어떤 사람이 『법화경』의 한 게송이나 (게송의) 한 구절이라도 듣고 단 한 번이라도 마음으로 기뻐하는 이에게도 또한 나는 위없는 깨달음의 수기를 줄 것이니라."

위의 구절에서 ㉠ 부분은 법회에 참석한 대중 모두에게 경전의 일부만을 듣고서 단지 기뻐하기만 해도 성불할 것이라고 말합니다. 이 구절은 수기가 대중적인 방향으로 개방되었음을 보여줍니다. 여기서 『법화경』의 가르침을 기뻐한다는 것은 '붓다가 될 수 있다는 법화의 가르침'을 믿음으로 받아들임을 의미합니다. 이때 믿음이라는 것은 우리 자신의 지혜로 성불할 수 있다는 것을 알지 못하며, 따라서 붓다의 통찰을 통해 자신의 진정한 가치를 이해하게 된다는 의미에서의 믿음입니다.

㉡ 부분은 성불의 수기가 법화 회상의 대중에게만 한정되지 않으며, 또한 여래가 열반에 든 후에도 가능한 것임을 밝힙니다. 즉 붓다는 모든 시공간의 제약을 벗어나 언제 어디서든 그 누구라도 '붓다가 될 수 있다는 법화의 법문'을 듣고 기쁨으로 받아들이기만 하면 성불의 수기를 주겠다고 약속하고 있습니다.

이어서 경전에서는 여성 출가자, 동물이자 여성인 용녀, 큰 악행을 많이도 저질렀던 악인의 대명사 제바달다조차도 붓다가 될 수 있다고 설합니다. 이상의 내용을 한마디로 요약하면, 모두가 다 성불할 수 있다는 것입니다.

일불승과 불성

이제 독자분들께서도 일불승이 무슨 이야기를 하려는 것인지 어느 정도 이해하셨으리라 생각합니다. 일불승이란 모든 중생을 붓다와 동등한 지혜를 얻도록 가르친다는 것이고, 거기에다 누구에게든 수기를 준다는 것은 모든 존재의 성불 가능성을 보증하는 것입니다. 결국 일불승은 모든 중생이 붓다의 성품(佛性)을 가지고 있다는 것을 말합니다. 바로 일체중생실유불성(一切衆生悉有佛性)의 사상입니다.

일불승은 불성의 또 다른 표현입니다. 조금 더 정확하게 말하면, 일불승은 불성 사상의 원류입니다. 이러한 사상은 누구에게든 차별을 두지 않는 평등사상이며, 존재의 가치를 붓다의 차원까지 끌어올린 위대한 가르침입니다.

불교 사상사의 관점에서 볼 때, 일불승의 가르침은 어렵고 멀게만 느껴지던 성불의 길을 보다 쉽고 친근한 것으로 만들었다고 할 수 있습니다. 이 가르침 덕분에 오늘날 우리는 서로에게 "성불하세요"라고 축원의 인사를 건넬 수 있게 된 것입니다.

법의 스승

여기서는 법의 스승으로 불리는 법사(法師)에 대해 이야기해 보려 합니다. 『법화경』에는 법사에 관한 내용이 매우 많습니다. 「제10법사품」·「제14안락행품」·「제17분별공덕품」·「제18수희공덕품」·「제19법사공덕품」·「제20상불경보살품」이 모두 법사에 관한 품입니다. 이렇게 많은 품이 있다는 것은 법사가 『법화경』에서 중요한 위치에 있다는 것을 말해 줍니다.

법사의 유래

여러분들은 '삼장법사(三藏法師)'라는 말을 들어 보셨을 것입니다. 삼장법사는 불교의 성전인 경장·율장·논장의 삼장에 정통한 스님을 존중하여 부르는 말입니다.

중국에서는 여러 스님이 삼장법사로 불렸는데, 최초의 삼장법사는 『묘법연화경』을 번역한 구마라집 스님입니다. 구마라집 법사라고도 하지요. 그리고 삼장법사 중에서 가장 유명한 분은 아마도 『서유기』의 주인공인 현장(玄奘, 602~664) 스님일 것입니다. 그 밖에도 진제 삼장, 불공 삼장 등이 있는데, 이 삼장법사들은 뛰어난 사상가였으며, 동시에 산스크리트어 불전을 한역하는 데 혁혁한 공로를 세운 위대한 경전 번역가였습니다. 동아시아불교는 이들의 공로 위에 존립하고 있다고 해도 과언이 아닐 것입니다.

그렇다면 법사라는 호칭은 어디서 온 것일까요? 이 호칭은 대승 경전에서 유래한 것입니다. 법사의 원래 용어는 '다르마바나까(dharmabhāṇaka)'입니다. 다르마바나까는 '법(dharma)'을 '설하는 사람(bhāṇaka)'이라는 뜻입니다. 즉 설법가를 말합니다. 이 용어는 대승불교에서만 사용되었기 때문에 법사는 대승 경전의 설법가라 할 수 있습니다.

삼장법사들이 중국불교의 발전에 지대한 공헌을 했듯이, 이 법사는 인도에서 대승불교를 전파하는 데에 핵심적인 역할을 했던 것으로 생각됩니다(몇몇 학자들은 법사들이 대승 경전을 편찬했다고 보기도 합니다. 확정하기는 어렵지만, 적어도 법사가 인도에서 대승불교를 주도했다는 것은 분명합니다).

대승의 가르침을 만나는 두 가지 방법

대승 경전을 보면 대승의 가르침을 만나는 방법은 두 가지가 있다고 말합니다. 이 점을 이해하기 위해서는 최초기의 대승 경전 중 하나인『팔천송반야경』의 내용을 살펴보는 것이 좋을 것 같습니다.

『팔천송반야경』의 거의 끝부분에 '상제(常啼)'라는 이름의 보살이 등장합니다. 상제보살은 항상 우는 보살이라는 뜻입니다. 상제보살이 항상 소리 내어 슬피 울었던 이유는 반야바라밀(지혜의 완성)의 가르침을 배우고자 하는 구도심 때문입니다. 반야바라밀을 간절히 구하던 어느 날, 그는 허공에서 다음과 같은 음성을 듣게 됩니다.

"또한 선남자여, 그대는 삿된 자들을 피하는 한편, 일체법이 공(空)·무상(無常)·무원(無願)이며, 발생하지도 않고, 생하거나 멸하지 않으며, 존재하는 것이 아니라는 법을 설하는 선지식들을 섬기고, 헌신하고, 공양해야 한다. 선남자여, 이처럼 닦아나간다면 그대는 오래지 않아 ㉠경전 속에 담겨 있거나, ㉡비구인 법사의 몸에 깃든 반야바라밀을 듣게 될 것이다."

위의 구절에 따르면, 대승의 가르침을 만나는 방법은 경전과 법사입니다. 그런데 '㉠경전에 담겨 있는 반야바라밀'이라는 표현은 쉽게 이해가 되지만, '㉡법사의 몸에 깃들어 있는'이라는 표현은 궁금증을 자아냅니다.

이 표현에 대해 먼저 법사가 경전을 외운 상태를 지시한다고 생각해 볼 수 있습니다. 여기서 조금 더 들어가면 법사가 경전의 내용에 완전히 통달했다고 보는 것도 가능합니다. 이어지는 경전의 내용을 보면, 상제보살은 나중에 법상(法上)보살이라는 법사를 만나 설법을 듣게 되는데, 그 설법 내용을 보면 단순하게 암기한 상태를 넘어 반야바라밀을 자유자재로 해설하는 것을 알 수 있습니다. 그러므로 '반야바라밀이 법사의 몸에 깃들어 있다'는 표현은 반야의 사상이 법사에게 완전히 체화(體化)되어 있음을 나타내는 것으로 이해 가능합니다. 이것은 또한 법사가 단순히 암송하는 기계가 아니었음을 보여줍니다.

그렇다면 경전을 만나는 것과 법사를 만나는 것 중에서 어느 것이 더 좋을까요? 아마도 법사를 만나는 것이 더 귀한 인연이 아닐까 생각됩니다. 혼자서 경전을 읽다 보면 이해가 되지 않아 도중에 막히는 경험을 종종 하게 됩니다. 그러나 법사를 만나면 경전의 가르침도 들을 수도 있고, 의문이 생기면 질문을 통해 해결할 수 있어 공부의 진전이 훨씬 더 빠릅니다. 법사는 설법자이면서 또한 스승인 것입니다.

이상으로 『팔천송반야경』을 통해 대승의 가르침을 만나는 두 가지 방법과 법사가 법을 체화한 존재라는 것을 알아보았습니다. 이 표현은 『법화경』에서도 똑같이 등장합니다.

법사의 수행

위에서 말씀드렸듯이 『법화경』에서는 법사가 매우 비중 있게 다루어지는데, 그 수행에 대해서도 상세히 설합니다.

『법화경』에서 설하는 법사의 수행을 흔히 '오종법사행(五種法師行)'이라고 부릅니다. 오종법사행은 다섯 가지의 수행을 말하는데 수지·독·송·해설·서사가 그것입니다.

수지(受持)는 경전의 가르침을 믿음으로 받아들이는 것을 말합니다. 암송을 중시하는 고대 인도 전통에서 수지는 외우는 것을 의미했지만, 『법화경』이 만들어진 시기에는 문자로 된 경전이 있었기 때문에 가르침을 받아들이는 것으로 보는 편이 적절하다고 생각합니다. 여기서 받아들인다는 것은 거부하지 않는 것이며, 이는 믿음을 바탕으로 한 행위라 할 수 있습니다. 불교에서 말하는 믿음은 흔히 이야기하는 "이해할 수 없기 때문에 믿는다"라는 방식의 믿음이 아닙니다. 믿음을 통해 이해의 단계로 나아가는 방식의 믿음을 말합니다. 믿음이 없이는 수행으로 나아갈 수 없으며, 이해도 불가능하므로 믿음이 필요한 것이지요.

독(讀)이란 경전을 읽는 것입니다. 송(誦)은 경전을 암송하는 것입니다. 이상의 과정을 통해 경전의 의미를 이해하게 되어, 다른 사람에게 설명해 주는 단계가 해설(解說)입니다. 서사(書寫)는 경전을 사경(寫經)하는 것입니다. 사경이 수행의 한 방법으로 행해지는 것은 법사행에서 유래하였습니다.

오종법사행은 대승불교에서 중시하는 보살의 육바라밀과 더불어 중요한 수행이라 할 수 있습니다. 불교에서 수행은 문(聞, 가르침을 듣는 것)·사(思, 들은 것에 대해 사유하는 것)·수(修, 수행을 통해 마음에 깊이 새기는 것)를 기본으로 합니다.

　이와 마찬가지로 법사행의 수지·독·송의 과정도 경전을 집중된 마음으로 반복하여 읽고(聞), 그 의미에 대해 거듭 사유하여(思) 깊은 뜻을 터득해 나갑니다(修). 이것을 '여설수행(如說修行)'이라고 합니다. 경전의 가르침에 따라 수행한다는 뜻입니다. 이처럼 법사행에는 수행의 이치가 분명하게 담겨 있습니다. 그리고 이러한 과정을 통해 공덕과 지혜를 개발해 나갑니다. 그러나 아직 다른 이에게 이익을 주지 않으므로 자리(自利)의 단계입니다.

　한편 해설의 단계는 경전의 가르침을 타인에게 전함으로써 남을 이롭게 합니다. 이타(利他)의 실천입니다. 서사에는 자기 수행의 측면도 있고, 서사한 경전을 남에게 보시하는 행위에는 이타의 측면도 있다고 볼 수 있습니다.

　이와 같이 오종법사행에는 자리이타의 정신이 분명하게 담겨 있습니다. 법사행을 보살행으로 간주할 수 있는 이유입니다. 나아가 『법화경』에서는 오종법사행을 육바라밀과 함께 닦으면 더욱 공덕과 지혜 얻음이 크다고 말하고 있습니다.

　한 가지 말씀드릴 것은 법사행이라고 하지만 그것을

실천하는 즉시 법의 스승이 되는 것은 아닙니다. 천태종의 지의 대사는, 수지·독·송을 실천하는 단계는 아직 경전의 이치를 더 탐구해야 하는 상태이기 때문에 제자의 지위에 해당하고 타인에게 해설하여 교화할 수 있는 단계로 나아가야만 비로소 진정한 법의 스승이라고 말한 바 있습니다. 이것은 대승의 『대반열반경』에 근거한 해석입니다.

여래의 사자

『법화경』에서는 붓다가 열반에 든 후에라도 중생에 대한 연민의 마음을 가지고 이 오종의 법사행을 실천하도록 권면합니다. 이를 통해 자신을 이롭게 하고, 또한 누구라도 성불할 수 있다는 환희와 행복의 가르침을 널리 전하라는 것입니다.

경전에서는 이러한 법사를 가리켜 '여래의 사자(如來使)'라고 부릅니다. 여래의 사자란 붓다(=여래)가 보낸 자(如來所遣)이며, 붓다의 일을 대리하는 자(行如來事)라는 뜻입니다. 법사가 왜 붓다의 일을 하는 사람인가 하면, 모든 중생에게 붓다와 동등한 지혜를 얻게 하는 일불승의 교화가 바로 붓다가 이 세상에 오신 목적이며, 법사가 『법화경』을 설하는 일이 바로 그 목적에 부합하기 때문입니다.

또한 경전에서는 붓다의 귀중한 가르침인 『법화경』을 전하는 법사의 공덕이 매우 크다고 합니다. 반면 『법화경』이나 그것을 전하는 법사를 비방하는 것은 큰 악업이 된다고 합니다. 인도에는 '말에는 힘이 있다'는 믿음이 있었으며, 특히 진실한 말은 강력한 힘을 발휘한다고 생각했습니다. 이는 불교에서도 마찬가지인데, 『반야심경』 맨 마지막의 '반야바라밀은 신묘하고 비할 바 없는 주문'이라는 표현은 그러한 사고를 반영하는 것으로 생각됩니다.

법사의 마음가짐

법사가 『법화경』을 설할 때 어떤 마음가짐으로 설해야 하는지에 관하여 「법사품」에서는 다음과 같이 말합니다.

"약왕아, 만일 선남자나 선여인이 여래께서 멸도한 후에 사부대중을 위해 이 『법화경』을 설하려면 어떻게 설하여야 하겠느냐? 이 선남자나 선여인은 여래의 방에 들어가 여래의 옷을 입고 여래의 자리에 앉아서야 사부대중을 위해 이 경을 설할 수 있느니라."

이 구절을 가리켜 예로부터 '홍경(弘經)의 삼궤(三軌)'라고 불렀습니다. 경전을 전할 때의 세 가지 법도라는 뜻입니다. 여기서 '여래의 방'이란 모든 중생에 대한 대자비심을, '여래의 옷'은 부드럽고 온화하며 인욕하는 마음을 말합니다. '여래의 자리'는 일체의 것이 모두 공(空)하다는 지혜입니다. 어느 것에도 집착함이 없는 평정의 마음이라 할 수 있습니다. 즉 대자비의 마음과 인욕의 마음, 그리고 집착이 없는 마음을 가지고 『법화경』을 설하라는 것입니다.

언제나 우리 곁에 머무는 붓다

붓다란 어떤 존재인가

지금까지 설명한 일불승의 핵심은 누구라도 붓다가 될 수 있다는 것입니다. 그렇다면 이제 붓다란 어떤 존재이며, 과연 붓다가 된다는 것이 무슨 뜻인지를 밝힐 필요가 있습니다. 실제로 경전도 그런 방식으로 구성되어 있습니다. 「제2방편품」을 중심으로 일불승을 밝히고 「제16여래수량품」에서는 이 문제에 대해 답하고 있지요.

이 문제는 우리에게 매우 중요합니다. 붓다가 어떤 존재인지를 제대로 이해해야만, 우리가 성불한다는 것의 의미도 분명해지기 때문입니다.

붓다, 아득히 먼 과거에 이미 성불했음을 밝히다

「여래수량품」은 붓다가 모든 대중에게 "여래는 진실만을 말하니, 여래를 믿고 신뢰하라"라고 세 번에 걸쳐 권하면서 시작됩니다. 여기서 여래를 신뢰하라는 말은 붓다의 경지와 본질은 붓다만이 알 수 있으며, 중생은 그것을 알 수 없으므로 믿음이 필요하다는 것을 의미합니다. 이에 대중들이 확고한 믿음을 보이자 붓다는 다음과 같이 말합니다.

"일체 세간의 천신과 인간 그리고 아수라들은 모두 '석가모니불께서는 최근에 석가족의 궁전을 나와서 가야성에서 멀지 않은 도량에 앉아 위없는 깨달음을 얻었다'고 생각하느니라. 그러나 선남자들이여, 내가 성불하고서 한량없고 가없는 백천만 억 나유타겁이 지났느니라."

위의 경문은 모든 대중이 생각하기에 붓다는 최근에 깨달음을 이루었지만, 사실은 아주 먼 과거에 이미 성불했다는 것을 밝히는 내용입니다. 나유타(那由他)란 아주 큰 수를 말하는데, 인도의 일반적인 수 체계에서는 백만, 불교에서는 천억에 해당합니다. 겁(劫)도 우주의 생성 및 소멸과 관련된 시간의 단위입니다. 따라서 실제로는 헤아리기 어려운 과거에 성불했다는 것을 말합니다. 이어서 경전에서는 그 시간을 오백 진점겁(五百塵點劫)의 비유를 들어 설명합니다.

오백 진점겁은 아주 많은 은하 규모의 우주를 갈아서 그 입자 하나를 1겁으로 삼는 방식의 비유적 표현입니다. 그 수를 오늘날의 기술로는 계산이 가능하겠지만, 예전에는 계산이 불가능했을 것입니다. 이 비유는 『법화경』에 나오는 모든 수의 표현 중에서 가장 큰 수이기도 합니다. 붓다는 그렇게 먼 과거에 성불했다는 것이며, 이를 '구원성불(久遠成佛)', 또는 '구원실성(久遠實成)'이라고 합니다.

구원성불은 사실 『법화경』에서 가장 어려운 내용 중 하나이며, 예로부터 다양하게 해석되어 왔습니다. 저는 여기서 그 다양한 해석에 관해 소개할 필요는 없다고 생각합니다. 이 부분은 어쩌면 해석의 대상이 아니라 믿음의 대상으로 보는 것이 타당한지도 모릅니다. 중요한 것은 아득히 먼 과거에 성불한 이후, 붓다가 무엇을 행했는가를 이해하는 것입니다. 그것이 구원성불의 실질적인 내용이 되기 때문입니다.

구원성불의 내용에 이어서 경전은 "이때부터 나는 항상 이 사바세계에 있으면서 설법하고 교화하였고, 또 다른 많은 곳에서도 중생을 인도하여 이롭게 하였다"라고 밝히고 있습니다. '이때부터'라는 표현은 '구원에 성불한 이후부터'라는 뜻입니다.

붓다는 언제나 중생의 곁에 머물러 교화하지만, 때때로 열반에 드는 모습, 즉 죽음을 보이기도 한다고 경전은 말합니다. 붓다가 언제나 머물러 있으면, 사람들은 붓다의 소중함을 잊고 게으르고 나태해지기 때문이지요. 이렇게 방편으로 열반에 들더라도, 실제로는 아득히 먼 과거에 성불한 이후 잠시도 쉬지 않고 언제나 중생을 교화하여 이롭게 했다는 것이 구원성불의 내용입니다.

붓다의 무량한 수명과 영원한 구제

구원성불을 밝힌 후, 이제 「여래수량품」의 주제라 할 수 있는 붓다의 수명에 관한 설명이 이어집니다. 아래는 『묘법연화경』의 번역입니다.

"이와 같이 내가 성불한 지는 매우 오래되어 수명이 한량없는 아승기겁으로, 항상 머물러 있고 멸도하지 않느니라. 선남자들이여, 내가 본래 보살도를 행하여 이룬 수명이 지금도 오히려 다하지 아니하여 다시 위에서 말한 수명의 갑절이나 되느니라."

위 구절의 첫 번째 문장은 붓다의 수명이 무량하며, 언제나 중생의 곁에 머물러 교화하고 있다는 내용입니다. 이어 그 장구한 수명은 오랜 세월에 걸쳐 보살도를 행하여 얻은 것이며, 앞으로도 위에서 말한 수명, 즉 오백진점겁의 두 배에 이르는 수명이 남아 있다고 말하고 있습니다.

위의 경문은 두 가지 관점에서 중요합니다.

첫째, 붓다의 무량한 수명이 지니는 의미입니다. 역사적인 관점에서 붓다는 35세에 깨달음을 이루고서 약 40여 년을 교화하고 열반에 든 것으로 이야기됩니다. 그러나 붓다가 되기 위해서 무수한 억겁의 세월에 걸쳐 보살행을 실천해야 했습니다. 여기서 아주 근본적인 질문이 제기될 수 있습니다. 그토록 오랜 세월에 걸쳐 힘든 수행을 하고서 정작 붓다가 되어서는 고작 몇십 년을 살다가 완전히 소멸한다면, 붓다가 된다는 것이 과연 어떤 의미가 있느냐는 것입니다. 즉 노력에 비해서 결과가 빈약하다는 생각이 들 수 있습니다. 요즘 말로 표현하면 이렇게 '가성비'가 좋지 않은 일도 없다고 할 정도입니다. 그렇다면 대승불교가 내세운 성불의 이상도 지극히 위대하고 숭고하기는 하나, 그저 한 철 피고 지는 꽃처럼 무상한 것에 지나지 않게 됩니다.

그러나 『법화경』에서는 붓다의 수명이 무량하다는 것을 분명히 하고 있습니다. 이것은 우리가 지향하는 성불이라는 목표가 결코 허망하지 않음을 말합니다. 비유하자면, 붓다가 된다는 것은 하나의 물방울이 바다에 이르러 마침내 바다와 하나가 되는 것과 같다고 할 수 있습니다. 붓다란 생명의 바다인 것입니다.

둘째, 붓다란 무엇을 하는 존재인가입니다. 구원에 성불한 이후 붓다는 쉬지 않고 언제나 중생을 교화했습니다. 그리고 앞으로도 지나온 수명의 두 배가 남아 있으니, 이것은 그의 중생 교화가 미래에도 계속될 것을 의미합니다. 즉 붓다는 삼세에 걸쳐 중생을 교화합니다. 결국 붓다의 무한한 수명은 끝없는 중생의 교화를 의미합니다. 이것은 성불이 끝이 아님을 말합니다. 쉼 없는 붓다의 교화는 붓다의 자비를 나타내며, 바로 우리의 미래의 모습이기도 합니다.

이처럼 『법화경』은 붓다란 어떤 존재이며, 무엇을 하는가를 분명하게 보여 줍니다. 이것은 성불을 지향하는 우리에게 매우 의미가 있습니다.

나의 보살행은 완성되지 않았다

한편 위의 인용문은 보살행과 성불의 관계에 대하여 설명합니다. 과거세에 실천했던 보살행에 의해서 그 공덕으로 성불하였고 또한 무한한 수명을 얻었다고 말하고 있습니다. 여기서 보살행은 원인이 되고 성불과 수명은 결과가됩니다. 이것은 보살행과 성불 사이에 인과의 관계가 있다는 것을 보여줍니다.

그러나 산스크리트어본을 보면 조금 다른 풍경이 펼쳐집니다. 깊은 내용이지만 이 품에서 대단히 중요한 구절이므로 아래에 소개하려 합니다.

"선남자들이여, 아직도 과거로부터 행해 온 나의 보살행은 완성되지 않았고, (보살행에 의해 성취한) 수명의 양도 또한 다하지 않았다. 선남자들이여, 오히려 나에게는 아직도 수명이 만료되기까지 그 두 배의 수천만·코티·나유타의 겁이 남아 있다."

위의 경문에서 가장 중요한 구절은 붓다 자신이 '나의 보살행은 아직도 완성되지 않았다'라고 밝힌 부분입니다. 이 구절은 매우 독특합니다. 일반적인 불교의 교리에서는 보살행을 다 완성해야 붓다가 될 수 있다고 말합니다. 그런데 위에서는 붓다가 아직도 자신의 보살행이 다 완성되지 않았다고 밝히고 있습니다. 어떻게 보살행을 다 완성하지 않는데 붓다가 될 수 있냐는 물음이 제기될 만합니다.

붓다의 영원한 보살행

그렇다면 붓다가 아직도 보살행을 행하고 있다는 것에 대해 생각해 보아야 합니다. 일단은 『법화경』이 보살행을 대단히 중시한다는 것은 분명해 보입니다. 구원성불의 가르침도 이 관점에서 보면 매우 의미가 깊어집니다.

위의 구절에서 붓다는 아득히 먼 과거에 깨달음을 이룬 후 자신이 행해 온 중생 교화를 보살행으로 규정하고 있습니다. 그리고 앞으로도 무한하게 수명이 지속되는 한 보살행을 멈추지 않을 것이라고 암시합니다.

한역은 붓다의 영원함(=수명)을 강조했지만, 산스크리트어본을 보면 수명은 그대로 보살행이 됩니다. 이것은 붓다의 보살행이 영원함을 의미합니다.

경전 제목 다시 보기

여기서 '붓다의 영원한 보살행'이라는 문맥을 중심으로 경전 제목을 다시 검토해 보고자 합니다. 경전의 산스크리트어 제목은 '삿다르마 뿐다리까 수뜨라'입니다. 삿다르마는 정법입니다. 뿐다리까는 흰 연꽃입니다.

앞에서 설명했듯이 연꽃은 초기 대승 경전에서 보살행에 대한 비유로 자주 사용됩니다. 『법화경』에도 보살행을 연꽃으로 비유한 구절이 있습니다. 「제15종지용출품」에 "보살들이 보살도를 잘 익혀 세상에 물들지 않음이 마치 연꽃이 흙탕물에 오염되지 않는 것과 같다"라는 구절이 나오지요. 『법화경』이 연꽃을 어떤 맥락에서 사용하는지를 보여 주는 중요한 구절입니다. 그러나 산스크리트어본의 같은 부분을 보면, 연꽃에 대응하는 단어는 '뿐다리까'가 아니라 일반적으로 홍련(紅蓮)을 의미하는 '빠드마(padma)'입니다. 그렇다면 백련을 뜻하는 뿐다리까는 누구의 보살행을 가리키는 것인가가 문제가 됩니다.

이 문제와 관련해서 중요한 것이 『비화경(悲華經)』이라는 경전입니다. 이 경전의 산스크리트어 제목은 '까루나 뿐다리까 수뜨라(Karuṇā-puṇḍarīka-sūtra)'입니다. 까루나는 자비를 뜻합니다. 따라서 이 경전의 제목을 우리말로 번역하면 '자비(慈悲)의 흰 연꽃(白蓮)에 관한 경전(經)'이 됩니다.

이 경전의 주제는 석가모니 붓다의 서원입니다. 경전의 주된 내용은 다음과 같습니다. 과거에 보장여래(寶藏如來)가 있었고, 그때 많은 보살이 그를 향해 서원을 세웠는데, 대부분이 청정한 세계에서 중생을 구제하겠다는 뜻을 밝힙니다. 그러자 보해(寶海, 석가모니 붓다의 전생의 이름)보살이 깊은 연민을 느끼며, 중생들의 번뇌가 강하여 교화하기가 어려운 예토(穢土)에서 붓다가 되어 중생을 교화하겠다는 서원을 일으킵니다. 이를 듣고 보장여래는 보해보살에게 '오직 그대만이 자비의 흰 연꽃(karuṇā-puṇḍarīka)'과 같다고 칭찬합니다. 이렇게 『비화경』에서 흰 연꽃으로 불

린 보살은 보해보살뿐이며, 그대로 이것이 경전의 제목이
된 것입니다.

『비화경』은 석가모니 붓다의 전생인 보해의 보살행
을 설명합니다. 한편 『법화경』에서 붓다는 자신의 보살행
이 영원하다고 말하고 있습니다. 두 경전 모두 제목에 '백
련(puṇḍarīka)'이 포함되어 있습니다. 내용상으로도 두 경
전은 연결됩니다. 『비화경』에서 보해보살은 예토에서 교
화하리라는 서원을 세웠고, 『법화경』의 석가모니 붓다는
예토에서 영원한 보살행을 통해 중생을 구제합니다.

이러한 맥락들을 종합하면, 『법화경(Saddharma-
puṇḍarīka-sūtra)』이라는 제목에서 '백련(puṇḍarīka)'은 다름
아닌 예토에서 교화하는 석가모니 붓다의 영원한 보살행
을 의미하는 것으로 볼 수 있습니다. 그리고 이와 같이 본
다면 『법화경』은 경전의 제목부터 보살행을 대단히 중시
한다는 것이 명백해집니다.

『법화경』이 말하는 성불의 의미

산스크리트어본을 보면 「여래수량품」의 핵심적인 메시
지는 그대로 붓다의 보살행이 됩니다. 붓다의 무량한 수

명이 곧 끝없는 보살행을 의미하기 때문입니다. 이것은 석가모니 붓다에게 보살행이라는 원인과 성불이라는 결과가 함께 있는 상태입니다. 그렇다면 이 메시지가 우리에게 주는 시사점은 무엇일까요?

이에 대해 저는 다음과 같이 이해합니다. 붓다의 영원한 보살행에는 '보살행을 깨달음을 얻기 위한 수단이 아니라 보살행 자체를 목적으로 보라'는 메시지가 담겨있다는 것이지요. 앞에서 보았듯이 『법화경』의 대의는 붓다의 모든 방편의 가르침이 그대로 진실이 되는 것을 밝히는 데에 있습니다. 방편즉진실인 것입니다. 그러한 관점에서 보면 붓다의 보살행은 보살행을 단순히 성불을 위한 원인이나 수단으로 보는 인식에 대하여 사고의 전환을 요청하고 있는 것이 아닐까요?

우리는 보살행을 원인으로 하여 그 결과로 깨달음을 얻는다고 믿고 있습니다. 그러나 정작 「여래수량품」의 석가모니 붓다나 『법화경』 후반부에 등장하는 관세음보살과 같은 대보살들은 중생을 구제하기 위해 지금도 보살행을 하고 있습니다. 위대한 붓다와 보살들에게 보살행은 깨달음을 얻기 위한 수단이 아니라 그 자체로 숭고한 목적입니다.

『법화경』의 일승 사상은 누구나 성불할 수 있다고 말합니다. 그리고 붓다가 어떤 존재인가를 밝히는 「여래수량품」에서는 무한한 수명이 지속되는 한 보살행을 멈추지 않는다고 말합니다. 누구든 보살행을 실천하면 성불할 수 있지만, 목적을 이룬 붓다는 보살행을 떠나지 않습니다.

『법화경』에서 말하는 성불은 누가 빨리 목표 지점에 도달하는가를 겨루는 레이스 같은 게 아니라고 생각됩니다. 오히려 보살행의 실천에 중점이 있습니다. 자신이 보살이라는 자각을 가지고 하루하루 보살행을 실천하는 그 자리가 바로 불도(佛道)가 드러나는 자리라는 것, 바로 이것이 『법화경』이 우리에게 전하고자 하는 메시지가 아닐까요?

『법화경』을 한 줄로 요약하면

『법화경』의 핵심 사상은 「방편품」에서 설한 일불승의 사상과 「여래수량품」에서 밝힌 붓다의 무한한 수명만큼 지속되는 보살행입니다. 따라서 『법화경』의 28품을 한 줄로 요약하면, '모든 중생은 다 보살이며, 다만 보살의 자각을 갖고 보살행을 실천하라'는 내용이 됩니다. 이것을 다시 요약하면 '보살행은 영원하다'라는 것으로 귀결됩니다. 영원한 보살행이란 보살행 그 자체가 목적이라는 의미입니다.

중생의 어머니 – 관세음보살

『법화경』의 후반부에는 약왕보살, 보현보살과 같은 대보살들이 여러 명 등장합니다. 이 대보살들은 『법화경』의 수행자를 보호하여 혼란스러운 세상에서 경전을 잘 전할 수 있도록 도움을 베풀기도 하고, 우리가 보살행을 실천해 나가는 데 있어 롤 모델이 되기도 합니다. 그 가운데 여기서는 관세음보살에 대해 소개하고자 합니다.

『묘법연화경』에서는 '관세음(觀世音)보살'이라고 나오지만, 『반야심경』에서는 '관자재(觀自在)보살'이라고 되어 있습니다. 같은 보살인데 산스크리트어 표기의 변화로 인해서 번역에 차이가 생긴 것입니다.

원래 관세음보살은 서방 극락정토에 계시는 아미타불의 협시보살입니다. 그러한 내용이 『무량수경』이라는 경전에 나옵니다. 그러나 관세음보살의 구제에 대해서는 『법화경』에서 상세히 밝혀집니다. 그것을 설명하는 품이 「제25 관세음보살보문품」입니다. 그래서 예로부터 이 품은 별도로 『관음경』이라는 이름으로 유통되었습니다.

관세음보살의 뜻

관세음보살은 대승불교권 전역에서 신앙되는 보살 중 한 분입니다. 또한 대중들에게 가장 많이 사랑받는 대보살이 라고 할 수 있습니다. 관세음보살의 인기 비결은 중생을 구제하는 방식에 있으며, 그 보살의 이름에서 구제 방식 이 드러납니다.

「관세음보살보문품」의 첫 단락은 관세음보살의 이 름에 관한 대화로 시작됩니다. 무진의보살이 관세음보살 의 이름에 대해 묻자, 붓다는 다음과 같이 말씀합니다.

"만약 한량없는 중생이 온갖 고뇌를 받을 때, 이 관세 음보살의 이름을 일심으로 부른다면, 관세음보살이 즉시 그 음성을 관하고 다 고뇌에서 벗어나게 하시느 니라."

관세음보살은 중생이 괴로움이나 곤경에 처해 있을 때 그 이름을 부르면 중생의 소리를 관하여 어려움에서 벗어나게 해 주기 때문에 관세음(觀世音)이라 불린다는 것입니다.

여기서 '소리를 관(觀, 지혜로써 경계를 비추어 보다)하다'라는 표현이 의아하게 생각되실지도 모릅니다. 일반적으로 소리는 귀로 듣는 것이지 볼 수 있는 것이 아니지요. 그러나 붓다나 대보살들은 감각 기관이 예리하고 청정한 상태를 얻게 되는데(이를 '육근청정(六根淸淨)'이라 합니다), 그렇게 되면 감각 기관의 작용이 자유자재하게 되어 눈으로 소리를 듣고, 귀로 사물을 보는 것이 가능하다고 합니다.

관세음보살의 구제행

『법화경』에서는 관세음보살을 구제행과 방편 교화의 두 가지 측면에서 말하고 있습니다.

관세음보살의 구제행에 대해, 경전에서는 중생이 일곱 가지 재난을 겪을 때, 관세음보살의 이름을 간절하게 부르면 어려움에서 벗어나도록 도움을 베푼다고 설명합니다. 일곱 가지의 재난은 불과 물, 폭풍우, 도적, 악귀 등의 재난을 말하지만, 사실 모든 위험 상황에서 중생을 구제하는 것으로 이해할 수 있습니다.

이러한 외부적인 위험뿐 아니라, 마음에 두려움이 일거나 음욕, 분노, 어리석음 등이 생길 때도 그 이름을 부르면 번뇌에서 벗어나게 해 준다고 설명됩니다. 뜻밖의 상황에 화가 났을 때 관세음보살의 이름을 부르면 화난 마음이 누그러지는 경험을 하신 분들도 많이 계시리라 생각합니다. 그러면 확실히 염불에 공덕이 있다는 것을 실감하게 되지요.

관세음보살의 방편 교화

관세음보살의 방편 교화는 관세음보살이 중생의 능력과 상황에 맞추어 다양한 몸을 통해 법을 설해 주는 것을 말합니다. 관세음보살은 붓다의 몸으로 제도해야 할 중생에게는 붓다의 몸으로, 성문의 몸으로 교화해야 할 중생에게는 성문의 모습으로 나타나 법을 설합니다. 그 밖에 온갖 신들의 모습을 보이기도 하며, 왕, 승려, 재가자, 여인, 아이, 용 등등 총 서른세 가지 모습으로 교화한다고 합니다. 이 '서른세 가지 모습'이라는 표현 또한 비유적인 것이며, 가능한 모든 상황에 대응한다고 이해할 수 있습니다.

이처럼 관세음보살은 다양한 모습으로 나타나 중생

에게 가르침을 베풀고 깨우쳐 주는 지혜의 스승이기도 합니다. 반야경의 핵심을 담은 『반야심경』을 설해 주었듯이 말이지요.

중생의 어머니

삶은 고난의 연속입니다. 이 세상을 '고해(苦海)'라고도 하지요. 고해를 건너가는 우리의 여정을 누군가가 따뜻한 시선으로 지켜보며 동행해 준다는 것은 마음 든든한 일이 아닐 수 없습니다. 이러한 여정에서 관세음보살을 알게 되는 것은 매우 소중한 인연을 맺는 것이라 할 수 있습니다.

관세음보살의 도움으로 우리는 당면한 위험과 괴로움에서 벗어날 수 있습니다. 또한 부처님 가르침을 공부할 때 관세음보살은 우리의 능력과 상황에 맞는 모습으로 나타나 법을 설합니다.

이렇듯 관세음보살은 마치 어머니가 아이를 정성으로 보살펴 장성하도록 기르듯, 우리가 자비와 지혜를 갖춘 성숙한 존재가 될 수 있도록 도움을 아끼지 않습니다. 그래서인지 「관세음보살보문품」을 읽거나, 관세음보살

염불을 하면 따뜻한 위안과 용기를 얻습니다. 『법화경』에는 붓다와 중생의 관계를 부자 관계로 표현하는 비유가 많이 나오는데, 부처님이 아버지라면 관세음보살은 중생의 어머니와도 같다고 할 수 있겠습니다.

더불어 『법화경』 후반부에는 관세음보살 외에도 여러 대보살이 등장합니다. 이는 우리 인생이 자기 혼자만의 힘으로 살아가는 것이 아님을 되새기게 합니다. 스스로 자각하지 못하지만 많은 분의 도움이 있었기에 지금의 내가 있습니다. 불교에서 말하는 연기법에는 그런 의미가 있다고 생각합니다.

4

『법화경』에서
우리는
무엇을 배울 수 있을까

『법화경』과 나의 삶

삶의 의미

우리는 저마다 수많은 사연을 안고 살아갑니다. 좋았던 기억, 행복했던 추억도 있지만, 그 속에는 괴롭고 힘들었던 경험, 눈물 어린 아픔도 있습니다. 그 모든 사연은 누구도 대신할 수 없는 자기만의 이야기입니다. 여기서는 제가 어떻게 『법화경』을 만났고, 그 만남을 통해 제 삶이 어떻게 변했는지, 그 이야기를 해 보려 합니다.

유년 시절, 저는 감수성이 꽤 풍부한 편이 아니었나 싶습니다. 중학생 정도가 되면 보통 '인생이란 도대체 무엇일까?', '우리는 왜 살아야 하는 걸까?'라는 생각을 하며 성장통을 치르곤 하는데, 저에게는 성장통이 유독 강하게 찾아왔습니다.

'모두 아등바등하며 살지만 죽으면 다 끝인데, 이 모든 게 대체 무슨 소용이 있나?'라는 의문으로 머릿속이 꽉 차 버렸던 것입니다. 가슴속이 꽉 막힌 듯 답답하고, 인생

163

이 그렇게 허무하게 느껴질 수가 없었습니다. 그러다가 막연히 출가를 해 보면 어떨까 하는 생각에 고즈넉한 절을 찾아 주위를 배회하곤 했습니다. 그러나 절 안으로 들어가 '스님, 저 출가하고 싶습니다'라고 말할 용기가 나지 않아 다시 집으로 돌아오기를 몇 차례 반복한 끝에 결국 출가에 대한 마음을 접었습니다.

그러나 그 이후에도 인생의 무상함, 참을 수 없는 존재의 허무와 같은 문제는 여전히 큰 숙제처럼 느껴졌고, 마음의 갈증은 나날이 커져만 갔습니다. 그러던 어느 날 서점에서 불교 경전을 하나 펼쳐 보았는데, 첫 페이지의 "이와 같이 나는 들었습니다. 한때 부처님께서…"라는 구절에 왠지 모를 아련한 느낌을 받았습니다. 돌이켜 보면 그때의 경험이 불교학을 공부하게 된 계기가 되었던 것 같습니다.

이후 불교학을 배우러 일본으로 유학을 떠났고, 고마자와(駒澤) 대학에서 마츠모토 시로(松本史朗) 교수님을 모시고 공부를 하게 되었습니다. 중관 사상을 전공하신 선생님으로부터 공 사상에 관하여 가르침을 받을 수 있었던 것은 제 인생에 있어 보물과도 같이 귀한 시간이었지요. 그러나 공 사상은 너무나 어렵게 느껴졌고, 어떤 면에서 무상보다도 더 큰 숙제를 받은 듯한 느낌이 들었던 것도 사실입니다. 당시를 회상해 보면, 아직 공에 대한 이해가 충분하지 못했던 저는 주위의 사람들에게 '왜 그렇게 무기력하냐?', '당신은 삶에 의욕이 하나도 없는 사람처럼 보인다.'라는 말을 종종 들었던 것으로 기억합니다.

그런데 인연이란 참 신기한 것입니다. 예리한 비판 정신의 소유자이신 선생님께서는 강의 시간에 『법화경』에 대해 자주 말씀해 주셨고, 선생님 덕에 저는 『법화경』에 관심을 갖게 되었으니 말입니다.

이후 귀국하여 금강대학교에서 『법화경』을 본격적으로 연구하면서, '존재의 무상함과 허무'라는 제 인생의 오랜 숙제가 마침내 풀리는 지적 경험을 하게 되었습니다. 그 내용을 간략히 소개하고자 합니다.

모든 현상은 무상합니다. 무상하다는 것은 잠시도 쉬지 않고 끊임없이 변한다는 것입니다. 초기불교 이래로 무상한 것은 의지할 만한 것이 아니며, 부정하고 버려야 할 대상으로 여겼습니다. 그러나 대승불교에서는 현상에 대한 심오한 통찰을 제시하였고, 특히 『법화경』에서

165

는 그 부분을 분명히 하였습니다. 제법실상이 바로 그것입니다.

제법실상이란 무상한 모든 현상 속에 연기의 이법(理法)이 그대로 투영되어 있음을 말합니다. 봄에 피는 꽃 한 송이, 가을에 지는 나뭇잎 하나에도 우주의 진리가 찬란하게 빛나고 있는 것입니다. 진리는 현상세계를 떠나서 좌표조차 알 수 없는 우주 밖 저 멀리에 있는 것이 아니라 모든 현상 속에 그대로 드러나 있습니다.

또한 제법실상은 중도(中道)의 진리를 의미합니다. 중도란 치우침이 없는 진리를 말합니다. 모든 존재에는 현상적인 측면(假)과 그 어디에도 궁극적인 실체가 없다는 측면(空)이 있는데, 중도란 이 두 가지 양상이 동전의 앞뒤처럼 결코 분리될 수 없음을 말합니다. 즉 유(有)와 무(無)의 양극단에 치우침이 없는 것이 제법실상의 뜻이며, 바로 중도의 진리입니다.

「제3비유품」에서는 우리가 사는 세계를 불타는 집으로 비유합니다. 그런데 「제16여래수량품」에서는 이 세계가 정토(淨土)와 다름없이 청정하고 아름다운 곳으로 묘사됩니다. 이처럼 동일한 세계에 대한 상반된 묘사는 무상한 현상세계가 곧 진리로 빛나는 세계임을 시각적으로 보여줍니다. 마음을 정화하고 지혜의 눈을 뜨면, 무상하고 덧없어 벗어나야 할 것만 같은 이 세상의 바로 지금, 바로 여기에서 제법실상의 진리를 볼 수 있다고 『법화경』은 말하고 있습니다.

나아가 『법화경』은 모든 중생이 다 붓다가 될 것임을 밝히고서, 붓다란 결코 허무하고 무상한 존재가 아니라고 힘주어 말합니다.

두 가지 내용 다 중요한데, 먼저 붓다가 될 수 있다는 것은 우리 모두가 존귀한 존재임을 깨우쳐 주는 것이고, 붓다가 무상한 존재가 아니라는 것은 우리의 목표가 허망하지 않음을 의미합니다.

이러한 것을 이해함으로써 제 인생의 화두와도 같았던 오랜 의문이 마침내 풀리게 되었습니다. 『법화경』과의 만남을 통해 무상과 허무, 무의미함으로 온통 가득 차 보였던 회색빛 세계가 사실은 진리로 환하게 빛나고 있음을 알게 되었습니다. 그것을 이해하고 나니 살아가는 것이 의미가 있고, 나날의 삶이 소중한 것임을 깨닫게 되었습니다. 또한 생명의 가치와 존엄을 배우게 되었습니다. 이렇게 저는 『법화경』에서 불교를 배웠고, 또 인생을 배웠습니다.

삶의 위로

『법화경』에 관해서는 영험한 이야기가 많이 전해지지만, 저는 학문적인 연구를 중심으로 해 온 탓인지 아직 이렇다 할 특별한 체험은 많지 않습니다. 다만 이 글을 쓰면서 지나온 시간을 조용히 돌이켜 보니 '지금까지 나 혼자의 힘으로만 살아온 것은 아니었구나'라는 생각을 하게 됩니다. 살면서 힘들고 어려운 일들도 많았지만, 그때마다 누군가로부터 도움을 받아 문제가 해결되는 경험이 참 많았습니다.

　『법화경』에는 이와 관련된 내용이 많습니다. 「여래수량품」에서는 붓다가 언제나 중생 곁에 머무르며 중생을 교화한다는 내용이 설해집니다. 또한 관세음보살은 중생의 어려움을 해결해 주시고, 보현보살은 『법화경』의 수행자를 수호해 주겠다는 서원을 세웠다고 합니다. 그 밖에도 여러 보살과 신들이 법사를 보호한다는 내용이 설해져 있습니다.

공부를 도중에 포기할 만한 상황도 적지 않았지만, 고비마다 문제가 해결되어 『법화경』과의 인연을 이어갈 수 있었고, 지금 이 책을 통해 여러분께 『법화경』을 소개하고 있습니다. 어찌 보면 그리 대단한 일이 아닐 수도 있겠지만, 저에게는 신기하게 느껴지는 면이 있습니다. 제가 『법화경』과의 인연의 끈을 놓지 않은 것인지, 『법화경』이 저를 인도한 것인지 구분하기가 어렵다는 생각이 들기도 합니다. 지나온 시간을 돌아보면 『법화경』의 수행자를 보호한다는 경전의 이야기가 단순한 수사적 표현이 아니라는 믿음을 가지게 됩니다.

인생길도 수행길도 모두 각자가 감당해야 할 자기만의 몫입니다. 그러나 그 길을 홀로 걸을 때 그 누군가가 따뜻한 시선으로 지켜보며, 역경에 처했을 때 도움을 베풀어 준다면 분명히 큰 힘이 되고 위로가 됩니다. 『법화경』에는 그러한 내용이 분명하게 설해져 있고, 저는 그것을 경험했다고 생각합니다.

지금까지 『법화경』 한 권을 품에 꼭 안고 뚜벅뚜벅 걸어왔습니다. 앞으로 수많은 생을 거듭하더라도 제 마음의 책장에는 언제나 흰색으로 빛나는 『법화경』이 놓여 있을 것입니다.

『법화경』에서 배우는 삶의 지혜

여기서는 제가 『법화경』에서 가장 좋아하는 구절을 소개하고, 그것이 우리의 삶에 어떤 의미를 제시할 수 있는지에 대해 말씀드리려 합니다.

제가 가장 좋아하는 구절은 산스크리트어본 「여래수량품」에서 붓다께서 "나의 보살행은 완성되지 않았다"라고 밝히는 경문입니다. 『법화경』의 일승 사상은 누구나 다 붓다가 될 수 있다고 말합니다. 그러면 '붓다란 어떤 존재인가?'라는 물음이 제기될 수 있는데, 이에 대해 붓다는 아직도 보살행을 실천하고 있다고 답하고 있는 것입니다.

일반적인 불교 교리는 보살행을 붓다가 되기 위한 원인이나 수단, 과정으로 설명하지만, 『법화경』의 붓다는 그 수명이 다할 때까지 보살행을 한다고 말하고 있습니다. 사실 『법화경』은 누구나 성불할 수 있다고 말하지만, 거기에는 반드시 아주 오랜 세월에 걸쳐 보살행을 해야 한다는 조건이 있습니다. 그런데 『법화경』에서 말하는 보살행의 기간은 다른 경전보다 훨씬 깁니다.

그렇다면 이런 생각이 들 수 있습니다. '보살행을 실천하여 성불하기까지 그렇게 우주적인 단위의 시간이 걸린다면 정말로 성불할 수 있기는 한 걸까?'

하나의 비유를 들어 보겠습니다. 만일 누군가가 '컵에 물을 담은 후 그 물을 옮겨 부어서 바다만큼의 공간을 다 채우면 상상할 수 없을 정도로 엄청난 선물을 주겠다.'라고 약속한다면 여러분은 그 일에 도전해 볼 생각이 드시나요? 누구도 선뜻 도전해 볼 마음이 나지는 않으실 것입니다.

이 비유에서 우리의 일생은 하나의 컵이고, 보살행은 한 컵에 담긴 물과 같습니다. 그 컵의 물로 바다를 채운다는 것은 무수히 많은 생에 걸쳐 보살행을 해야 붓다가 될 수 있다는 말이지요. 이것이 『법화경』 전반부에서 말하는 성불의 조건입니다.

그런데 후반부의 「여래수량품」에서는 붓다의 보살행이 구원의 과거부터 영겁의 미래에 이르도록 지속된다고 말합니다. 우리는 보살행을 붓다가 되기 위한 조건, 원인, 수단으로 생각하지만, 붓다에게는 보살행 자체가 목적이라는 것입니다. 이것은 보살행에 대한 인식의 전환을 이야기합니다. 성불을 위한 단순한 수단이나 과정이 아니라는 것이지요. 우리가 보살이라는 자각을 가지고 보살행을 실천하면, 그것은 성불을 위한 행이 아니라 곧 붓다의 행이 됩니다.

이 구절의 의미를 다시 물컵의 비유로 말씀드리면, 물컵을 끊임없이 부어서 바다만큼의 공간을 다 채워야 한다고 생각할 것이 아니라, 컵 속의 물과 따라낸 물이 다르지 않다는 것을 깨닫는 인식의 전환을 말하고 있는 것입니다. 그렇게 인식을 전환하면 우리는 보살행을 통해 성불이라는 결과를 나날의 삶 속에서 경험할 수 있습니다.

급할 것은 아무것도 없습니다. 어차피 보살행은 영원한 것이니까요. 보살의 자각을 가진다면, 가령 짧은 시간 동안 염불 수행을 하더라도 그 시간은 더없이 소중합니다. 컵 속의 물이 바다의 물과 같다는 것을 오롯이 자각하는 시간이기 때문입니다. 물론 아주 적은 물을 가지고 바다라고 해서는 안 되겠지요. 『법화경』에서 말하는 붓다의 경지는 물로 비유하면 큰 바다를 이룬 상태이며, 그와 같이 되기까지는 시간이 걸리는 것도 사실이니까요. 『법화

경』에서 가장 경계하는 것은 교만(경전에서는 '증상만'이라고
합니다)이라는 점을 잊어서는 안 됩니다. 그럼에도 불구하
고 컵 속의 물과 따라낸 물은 사실 같은 물입니다.

　　이러한 인식의 전환은 수행의 영역을 넘어 우리의 일
상에도 적용될 수 있습니다. 삶에서 목표를 갖는 것은 필
요한 일이지만, 그 목표를 위해 열심히 땀 흘리는 시간 역
시 두 번 다시 오지 않을 소중한 순간임을 잊지 않는 것도
중요하다고 생각합니다. 목표를 달성했을 때의 성취감은
의외로 오래가지 않을 수도 있습니다. 정말로 행복한 순
간은 목표를 향해 열정을 갖고 자신과의 싸움을 견뎌내며
노력하는 시간일 수도 있습니다.

　　『법화경』에서 보살행을 강조하는 것에 대하여 목표
못지않게 과정을 소중하게 여기는 사상으로 이해하는 것
도 가능합니다. 그렇게 보면 인생에서 꿈을 갖는 것도 물
론 중요하지만, 결과만을 바라본다면 오히려 행복과는 멀
어질 수 있다는 이야기가 됩니다. 과정을 중시하는 『법화
경』의 사상은 꿈을 가지되 그 꿈을 향해 노력하는 지금 이
순간도 소중하며, 바로 그 일상의 순간에 행복이 있음을
말한다고 생각합니다.

『법화경』을 실천하는 삶

마지막으로 『법화경』의 가르침을 우리의 삶 속에서 어떻게 실천할 것인지에 관해 말씀을 드리고 이 책을 마무리하고자 합니다.

존중하는 마음

이 점에 관해서는 상불경보살이 좋은 사례가 됩니다. 상불경보살은 『법화경』의 중요한 내용을 압축적으로 다룬다는 점에서 매우 중요하지만, 여기서는 일상에서의 실천에 초점을 맞추고자 합니다.

「제20상불경보살품」은 석가모니 붓다의 전생 이야기입니다. 이 보살은 누구를 만나든지 두 손을 모아 합장하는 자세를 취하고서 공손한 태도로 다음과 같이 말했다고 합니다.

"존경하는 분들이시여, 저는 여러분들을 마음속 깊

이 존중하며, 가벼이 여기거나 업신여기지 않습니다. 여러분들 모두 보살행을 실천하시기 바랍니다. 그럼 바르고 완전한 깨달음을 이룬 존경받을 여래가 될 것이기 때문입니다."

그가 사람들에게 전했던 말은 '보살행을 실천하면 붓다가 될 것이다' 입니다. 그는 남녀노소를 가리지 않고 누구를 만나든지 그렇게 말했다고 합니다. 인도에서 불교의 출가자는 외형으로 구분할 수 있지만, 재가 신자의 경우엔 겉으로 보아서는 불교 신자인지 아닌지 알기 어렵습니다. 그러니 사실상 불교도, 비불교도를 가리지 않고 모든 사람에게 그렇게 이야기했다고 할 수 있겠지요. 그렇다면 그의 행동은 모든 중생을 다 보살로 보고, 보살행을 실천하라는 메시지를 전한 것이 됩니다.

그렇습니다. 바로 위의 구절에 『법화경』의 가르침을 실천하는 핵심이 있습니다. '나도 그토록 소중한 존재이고, 당신도 그토록 소중한 존재입니다.' 『법화경』의 실천은 바로 여기에서 시작됩니다. 이처럼 상대를 부처님 대하듯이 존중하는 마음으로 살아가는 것이 삶 속에서 『법화경』의 정신을 실천하는 핵심이라 할 수 있습니다.

무시하지 않는 마음

그런데 여기서 눈여겨볼 대목이 있습니다. '저는 여러분을 가벼이 여기거나 업신여기지 않습니다.'라고 말하는 부분입니다. 산스크리트어본에는 보다 직설적으로 '무시하지 않습니다.'라고 쓰여 있습니다. 이 표현은 다소 의아합니다.

보통 우리는 종교적인 문헌에서 무언가 규범적이고 이상적인 내용을 기대합니다. 따라서 위의 구절은 '저는 여러분을 존중합니다'라고 되어 있으면 그것으로 충분할 것 같은데, 왜 굳이 '여러분을 가벼이 여기지 않는다(또는 무시하지 않는다)'라는 구절이 덧붙여져 있을까요? 여러 가지 이해가 가능하겠지만, 제 소견을 말씀드리도록 하겠습니다. 저는 상대를 '무시하지 않는 마음'이 현실적인 실천의 관점에서 매우 중요하다고 생각합니다.

모든 사람은 지고의 가치를 지니고 있습니다. 그러나 동시에 사람들은 저마다 다양한 생각과 가치관을 가지고 살아갑니다. 사람마다 성향과 신념이 다르고, 서로 간에 이해관계가 복잡하게 얽혀 있으며, 종교와 사상도 다양합니다. 세상에는 인구수만큼이나 다양한 가치관이 존재하는지도 모릅니다. 따라서 살면서 의견의 대립과 충돌은 수시로 발생하며 어떤 면에서 불가피하기도 합니다.

이런 복잡한 상황 속에 나의 입장을 강요하지 않으면서 사람들의 다양한 생각과 가치관을 존중하려 할 때, 가장 기본이 되는 것은 무엇일까요? 저는 이때 필요한 것이 바로 상대를 무시하지 않는 태도라고 생각합니다.

나와 생각이 다르다고 하여 상대를 무시해 버리면, 결국 다툼과 분쟁이 벌어지고 나아가 원한을 사게 됩니다. 그러나 비록 상대를 존중하지는 못하더라도 적어도 무시하지 않으면, 언젠가는 서로 이해하고 화해할 수 있는 여지가 남게 됩니다. 이것은 존중의 또 다른 표현이며, 화합으로 가는 문을 열어 두는 지혜입니다. 다름을 인정하고 상대를 무시하지 않는 태도야말로 공동의 선(善)을 지키기 위한 마지노선이 아닐까요?

상불경보살의 '상대를 무시하지 않는다'라는 의미의 말은 이 세상을 살면서 『법화경』의 가르침을 실천하는 데 있어 매우 현실적이면서 실용적인 방식을 제시한 것으로 보입니다. 나와 생각이 다른 사람들과 어울려 살아갈 때 필요한 삶의 지혜라고도 할 수 있겠지요.

　우리는 과거의 어느 세대보다 복잡한 문화적 환경 속에서 살고 있습니다. 이러한 시대 속에서 상불경보살의 실천은 종교적인 영역뿐 아니라, 우리 모두의 평화적인 공존을 위해서도 되돌아보아야 할 정신일 것입니다.

인문학 독자를 위한

법화경

ⓒ 하영수, 2023

2023년 7월 3일 초판 1쇄 발행

지은이 하영수
발행인 박상근(至弘) • 편집인 류지호 • 상무이사 김상기 • 편집이사 양동민
책임편집 하다해 • 편집 김재호, 양민호, 김소영, 최호승 • 디자인 쿠담디자인
제작 김명환 • 마케팅 김대현, 이선호 • 관리 윤정안 • 콘텐츠국 유권준, 정승채
펴낸 곳 불광출판사 (03169) 서울시 종로구 사직로10길 17 인왕빌딩 301호
　　　　대표전화 02) 420-3200 편집부 02) 420-3300 팩시밀리 02) 420-3400
　　　　출판등록 제300-2009-130호(1979. 10. 10.)

ISBN 979-11-92997-43-8 (04150) 세트
ISBN 979-11-92997-45-2 (04150)

값 16,000원

잘못된 책은 구입하신 서점에서 바꾸어 드립니다.
독자의 의견을 기다립니다. www.bulkwang.co.kr
불광출판사는 (주)불광미디어의 단행본 브랜드입니다.